NETZAHUALCÓYOTL

GRANDES MEXICANOS ILUSTRES

NETZAHUALCÓYOTL

Tania Mena

DASTIN, S.L.

© DASTIN, S.L.
Polígono Industrial Európolis, calle M, 9
28230 Las Rozas - Madrid (España)
Tel: + (34) 916 375 254
Fax: + (34) 916 361 256
e-mail: info@dastin.es
www.dastin.es

Edición Especial para:
**EDICIONES Y DISTRIBUCIONES
PROMO LIBRO, S.A. DE C.V.**

I.S.B.N.: 84-492-0343-0
Depósito legal: M-15.927-2003
Coordinación de la colección: Raquel Gómez

Impreso en España - Printed in Spain

Como suele ocurrir, un libro nunca es escrito por una sola persona, siempre participan en su elaboración amigos, parientes, maestros, etcétera, y éste no es la excepción.

Quisiera agradecer a tanta gente, que sería imposible hacerlo en una sola página, pero no puedo dejar de mencionar los nombres de algunas mentes y algunas manos sin las cuales este libro no existiría: en primer lugar, a Salva Gómez Crespo, que con su infinita paciencia, su amor, su ánimo y largas horas de lecturas y correcciones hizo que siguiera adelante. A Nuria Segovia, a Susana Bañuelos, a Tita, a Marisa Bañuelos, a Flavio Mena, a Rodrigo Mena, a Iván Trueta y a Citlali Trueta, ellos saben por qué. A Eloy Barajas y a Marcelito Galván porque sin ellos nunca me hubiera enterado de la posibilidad de hacer este trabajo; y sobre todo a Manuel Mena, porque sin su invaluable ayuda en la recopilación de la información no hubiera conseguido ni siquiera empezar a escribir.

Gracias a todos.

Presentación

ONTAR la vida de alguien no sólo es reseñar una serie de hechos atribuidos a una determinada persona, como si fuera una planta a la que se estudia casi con el mero hecho de observarla. Para conocer a un hombre o mujer, y transmitir a los lectores su personalidad y sus actos, es necesario conocer y aceptar sus aciertos y errores, sus odios, sus amores, su justicia y su injusticia, siempre dudando si eso que cuentas es cierto o es una mera invención de otros que se propusieron realizar esa misma tarea, que ahora te compete, mucho tiempo antes que tú. No sólo hay que confiar en el personaje que se estudia, también hay que tener una fe «objetiva» —sé que suena contradictorio— en los que antes investigaron sobre lo que tú investigas ahora.

Hacer una biografía es aprender a convivir durante todas las horas del día, y muchas veces de la noche, con un individuo que empezó siendo un desconocido, pero que cada día se va inmiscuyendo más en tu vida, y por supuesto tú en la suya, te es más familiar a cada momento; un individuo que en un principio se encontraba solamente en los libros y documentos que escudriñabas, pero que de pronto se introduce en tu computadora, en tus conversaciones y en tus pensamientos más profundos, y termina por estar presente en todos los aspectos de tu vida. Todo gira alrededor de él, tu preocupación más importante es si vas a ser capaz de plasmar en un texto todo lo que quisieras que tus lectores supieran sobre tu nuevo compañero. No digo que este compañero siempre sea agradable, ni mucho menos; afortunadamente, en este caso, me ha tocado hablar de la vida de un hombre con aciertos y errores como todos, pero apasionante: un príncipe, un fugitivo, un rey, un arquitecto, un filósofo, un poeta...

No fue fácil decidirse por emprender la aventura de hacer una reconstrucción de la vida de un hombre tan polémico, tan admirado por muchos y negado por otros pocos incrédulos, de un personaje cuyas hazañas parecen estar más cerca de la leyenda que de la realidad. Creo que para este tipo de trabajos hace falta dedicar mucho tiempo y mucho esfuerzo, y yo, desgraciadamente, no conté mucho con el primero de ellos, pero el poco tiempo del que dispuse me dio la oportunidad de conocer a uno de los personajes más interesantes de la historia de América antes de la llegada de los españoles: Acolmiztli Netzahualcóyotl.

Para comprender la historia de este hombre, de este héroe casi mitológico, no es suficiente con conocer su reino, su momento y sus acciones aisladas; también hace falta adentrarse por los menos en los orígenes, fusión y final de tres civilizaciones más: la tolteca, la azteca y la chichimeca, de las que él es descendiente, y la azteca, que tanto influyó en todas sus acciones, ya que sería imposible tener una visión completa de su vida y obra si no conocemos antes los antecedentes sociales, políticos, culturales y religiosos de estos pueblos.

Tampoco es posible entrar en la vida de nadie, si no nos asomamos un poco en su cultura, sus ideas, las ideas de sus contemporáneos, la organización de su reino y de los que le rodeaban, los métodos educativos, los pasatiempos, etc. de la gente de su época. Es por eso que también habrá que hacer un repaso de la vida cotidiana de los texcocanos y sus vecinos.

Sin más preámbulos, trasladémonos en el tiempo a las verdes lagunas del valle de México.

PONEOS DE PIE

¡Amigos míos, poneos de pie!
Desamparados están los príncipes,
yo soy Netzahualcóyotl,
soy el cantor, soy papagayo de gran cabeza.
Toma ya tus flores y tu abanico.
¡Con ellos ponte a bailar!
Tú eres mi hijo,
tú eres Yoyontzin.
Toma ya tu cacao,
la flor del cacao,
¡que ya sea bebida!
¡Hágase el baile!
No es aquí nuestra casa,
no viviremos aquí,
tú de igual modo tendrás que marcharte.

Capítulo Primero

— Los toltecas —

Esta es la más antigua de las tres civilizaciones de las que nos ocuparemos, que en sus últimos períodos habitó a orillas del lago de Texcoco.

Los toltecas fueron un grupo de origen nahua que, según cuentan sus leyendas, procedía de un lugar mítico llamado Huehuetlapalan, que probablemente estaba situado entre los ríos Gila y Colorado. Este grupo hizo un largo recorrido que abarcó los actuales estados de Sonora, Sinaloa, Nayarit, Zacatecas, Jalisco, el norte de Michoacán y el sur de México, hasta que llegaron al estado de Hidalgo, de donde fueron arrojados por los huastecos para después establecerse en la cuenca de México.

Lo primero que conocemos de los toltecas es una leyenda que los describe como descendientes de una de las tribus chichimeca. Ésta venía desde el norte de lo que hoy es la República Mexicana a principios del siglo X, conducida por un rey llamado Mixcóatl.

Mixcóatl luchó y dominó a los otomíes que ocupaban el valle de México para establecer su capital en Culhuacan, junto al cerro de la Estrella, que hoy es Ixtapalapa, en el Distrito Federal, y conquistó desde allí el valle de Toluca, hasta llegar al valle del Mezquital. Lo anterior significa que el Imperio tolteca era originalmente nahua-otomí y abarcaba los valles de México, Toluca y el Mezquital.

11

En su afán colonizador, Mixcóatl conquistó el sur llegando hasta las bahías de Huatulco en Oaxaca; invadió el estado de Morelos, venciendo a los huitznahuacanos, quienes posiblemente pertenecían a una vieja familia nahua conocida como los tlahuicas. En aquel lugar tomó por esposa a una mujer del sur llamada Chilmalma, con quien Mixcóatl tuvo un hijo, que llegó a convertirse en el héroe de mayor fama en el mundo precolombino: Topiltzin Quetzalcóatl.

Topiltzin nació después de que su padre fuera asesinado por un jefe chichimeca llamado lhuitímal; al nacer murió su madre. Así, huérfano, pero de sangre noble, fue recogido y educado por sus abuelos maternos, que le instruyeron para cumplir su función como futuro rey. Vivió su infancia en Tepoztlán, Morelos, en donde se cree que con el nombre de Tepoztécatl, famoso héroe legendario, acaudilló a la tribu de su madre contra los habitantes de Xochicalco y los venció. Sin embargo, como era costumbre en los chichimecas, al vencerlos también se apropió de sus costumbres y su religión y adoptó el culto a Quetzalcóatl, que era el dios tutelar de aquella metrópoli sagrada. Estudió para sacerdote y se consagró al servicio de este dios, la serpiente emplumada, antiguo dios de Teotihuacan, protector de la cultura y la civilización, y que los toltecas adoptaron rápidamente como uno de sus dioses principales, pero, desgraciadamente para él, no el más venerado. Cuando accedió al trono tolteca, Topiltzin tomó el nombre de su dios. Esta costumbre estaba muy generalizada entre los sacerdotes, que tomaban la personificación de la deidad a la que servían. Su nombre completo era Ce-Ácatl Topiltzin Quetzalcóatl. Esto no deja de causar enormes confusiones a lo largo de la historia prehispánica entre Quetzalcóatl el dios y Quetzalcóatl el rey. En este texto, para evitar problemas, llamaré al soberano por su nombre completo.

Ya nombrado rey, combatió y venció al usurpador Ihuitímal. Hacia el año 950, Topiltzin Quetzalcóatl trasladó la capital de su reino a Tulancingo, Hidalgo, donde permaneció algunos años y edificó su ciudad sobre los antiguos restos teotihuacanos. Después instaló la capital en la ciudad de Tula, como una medida estratégica para contener las invasiones de los teotihuacano-chichimecas que habitaban en la región esteparia, conocida como Teotlalpan y, de paso, para hacerse con la alianza de los otomíes y de los matlatzincas. El rey convirtió la nueva capital en una gran ciudad, además enseñó a su pueblo las artes civilizadas, y su devoción y celibato fueron siempre admirados.

Topiltzin Quetzalcóatl durante todo su reinado se dedicó a implantar nuevas formas de cultura que hicieron de él el símbolo de la lucha de la civilización contra la barbarie y, gracias a la paz y prosperidad de que gozó, su reinado es considerado como la «Edad de Oro» de Tula. Como ejemplo diré que bajo su mandato se reformó el calendario, se introdujo la metalurgia, la ciudad se llenó de templos y palacios, y todas las artes recibieron un nuevo impulso que mejoró las costumbres.

Después de la fundación de Tula, los toltecas se mezclaron con los otomíes y atrajeron a los nonoalcas y a los amantecas, que eran pueblos herederos de la llamada «cultura clásica», y asimilaron sus costumbres y enseñanzas rápidamente. El Imperio tolteca creció y entró en relación con las más altas culturas de la Mesoamérica de aquella época, y recibió de ellas elementos importantísimos con los que conformó una nueva cultura que se extendería a lo largo de la costa del golfo hasta Yucatán, y por el sur hasta Oaxaca, Chiapas y Centroamérica, pero de estas expansiones hablaré un poco más adelante.

El mayor agravio que hizo Topiltzin a sus adversarios fue el inicio de una reforma religiosa de régimen teocrático, en la que él asumió todos los poderes y relegó a un segundo plano a los antiguos jefes de las tribus tolteca-chichimecas, de tradición militarista y fieles seguidores de Tezcatlipoca. Durante algunos años, Topiltzin consiguió dominar a sus enemigos, pero finalmente los grupos militares se levantaron formalmente en contra de la opresión político-religiosa de éste y le obligaron a abandonar Tula Xicocotitlan, conocida como Tula Chico. Como siempre, la leyenda se mezcla con la ficción, y se cuenta que Tezcatlipoca, enfadado por las pretensiones del atrevido rey, se disfrazó de anciano y, usando sus poderes de persuasión, consiguió que Topiltzin se emborrachara y luego metió en su habitación a Quetzalpetlatl, hermana del rey. Por la mañana Topiltzin, creyendo en el engaño de Tezcatlipoca y convencido de que había perdido la castidad y había manchado para siempre su reputación, decidió abdicar del trono y se exilió voluntariamente con un grupo de fieles.

Según los cronistas, la derrota del rey fue precedida por una serie de terribles catástrofes: sequías, epidemias, incendios de bosques, que no se sabe si fueron causadas por Tezcatlipoca como advertencias de sus enemigos para obligarle a abandonar su ciudad; el caso es que, ya vencido, decidió marcharse después de incendiar sus palacios y ocultar sus tesoros.

Quetzalcóatl se marchó hacia Cholula acompañado de los nonoalcas, donde permaneció algunos años. Continuó su éxodo hacia la costa del golfo (Coatzacoalcos), perseguido por sus adversarios. Al llegar a la costa sur de Veracruz (la zona de los tuxtlas) se embarcó en una balsa de juncos entrelazados y navegó hacia Tlapallan, donde, según la leyenda, fue quemado en una pira conforme se acostumbraba hacer con los soberanos muertos.

Después de veinte años en el exilio, Topiltzin Quetzalcóatl se fue a la costa. Unos dicen que se internó en el mar sobre una balsa de serpientes; otros, que subió al cielo y se convirtió en la estrella de la mañana. Pero antes de desaparecer, Quetzalcóatl, que ya no está claro si es el rey o el dios, prometió volver de la dirección de donde sale el sol y la fecha que dio para su regreso correspondía al año 1519, el mismo en que aparecieron los españoles.

Conozcamos un poco más de cerca la vida y los orígenes de Tula. Esta ciudad, fundada según la leyenda por Topiltzin Quetzalcóatl, en un principio estuvo habitada por los pueblos que procedían de la parte norte de Teotihuacan, que en aquel tiempo todavía era una civilización floreciente. Más adelante, durante el siglo IX de nuestra era, a causa de los imparables movimientos sociales y de la reducción de las fronteras de Mesoamérica, hicieron su aparición los grupos chichimecas en el territorio del actual estado de Hidalgo. El mito de Quetzalcóatl es muy posible que llegara a Tula de manos de los nonoalcas probablemente de Tabasco; éste era un pueblo que hablaba náhuatl y que rendía culto a este dios, en su advocación de Tlahuizcalpantecuhtli o «Señor de la casa de la aurora», y es fácil imaginar cómo este nuevo pueblo fue capaz de adoptar a tan poderosa deidad y convertirla en su dios principal. Los estudios arqueológicos muestran que en un principio Tula Xicocotitlan era una pequeña aldea en la que convivían diferentes etnias, y fue hasta el siglo X cuando esta ciudad alcanzó su verdadero apogeo como el centro urbano de mayor importancia del Altiplano Central. Su ubicación en tan céntrico, fértil y bien vigilado valle facilitó la rápida expansión de las fronteras, nunca antes vista, y de que muchos de los grupos que conformaban las tribus chichimecas se convirtieran poco a poco a la vida sedentaria.

Tula fue una ciudad diferente a sus contemporáneas: en lugar de levantarse indefensa en una llanura, como Teotihuacan, sus templos y sus zonas residenciales estaban situados en lo alto de un cerro, lo que la hacía mucho menos vulnerable. Después de todo no hay que olvidar que se construyó en la frontera chichimeca y estaba a merced de los ataques de estas tribus bárbaras. Como la mayoría de las sociedades de la época, la tolteca estaba militarizada, era gobernada por los jefes militares y subsistía gracias a las riquezas de las poblaciones conquistadas. Fue el primer estado en Mesoamérica que impuso tributos claramente definidos y creó los modelos políticos, económicos, sociales y religiosos que había, los cuales siguieron el resto de las civilizaciones mesoamericanas hasta la llegada de los conquistadores españoles.

Con todos estos adelantos que abarcaban la mayoría de los aspectos de la vida de sus habitantes, así como la de los de alrededor, Tula y los toltecas se transformaron en símbolos de un pasado idealizado en el que se confundían la historia y el mito. No es extraño que en algunas crónicas se mezclen eventos y sucesos históricos de la ciudad real con relatos sobre una Tula mítica habitada por seres extraordinarios, a quienes se atribuía la invención de la escritura, la metalurgia y otras artes y ciencias.

Varios años después de la fundación de su capital, los ejércitos toltecas, que seguramente estaban formados por un conjunto de muchas tribus, ya estaban repartidos por gran parte de lo que ahora es México. Fueron dueños de las costas tanto del Pacífico como del golfo, incluso, por el sur, llegaron hasta Guatemala, y por el norte se cree que alcanzaron los territorios de sus antepasados chichimecas.

Hacia el año 1000 d.C. alcanzaron la península de Yucatán, donde todavía la cultura maya estaba en auge. La leyenda dice que estos guerreros toltecas llegaron por mar y que venían dirigidos nada menos que por el mismo dios Quetzalcóatl.

No se puede negar que los toltecas destrozaron muchas ciudades mayas, pero también participaron en la construcción de otras, compartieron con ellos en la construcción de una gran parte de Chichenitza y representaron en sus pirámides el sacrificio humano. En esta ciudad, los toltecas conocieron una nueva técnica de sacrificio que no existía en sus territorios, y que en realidad era muy difícil de llevar a cabo lejos de la península de Yucatán, por problemas geográficos. Hablo del famoso Senote Sagrado, que se encontraba al norte de la construcción más importante de la ciudad, actualmente conocida como El Castillo, el cual es un profundo pozo abierto en la roca. Cuando escaseaba la lluvia, o los sacerdotes veían algún otro signo de descontento en sus dioses, reunían algunas muchachas jóvenes y vírgenes, que eran elegidas por su belleza, y las tiraban al Senote junto con impresionantes joyas y otros objetos de mucho valor. Se cuenta que las doncellas eran arrojadas al amanecer, y si acaso conseguían sobrevivir hasta la tarde, eran perdonadas y veneradas, pues eran las portadoras de los mensajes de los dioses.

Tula es, entre las ciudades de Mesoamérica, el primer pueblo prehispánico del cual se tienen datos coherentes de su historia y cultura: listas dinásticas, nombres de reyes y gobernantes, relatos de migraciones, la fundación de la ciudad, su desarrollo, sus conquistas y su decadencia.

La ciudad arqueológica de Tula, cuyos impresionantes vestigios, en buen estado de conservación, es posible visitar en la actualidad, está situada en el sur del actual estado de Hidalgo, sesenta kilómetros al norte de la cuenca de México y del nordeste de la ciudad de Teotihuacan, cerca de la frontera norte de Mesoamérica. Fue construida en un fértil valle que estaba regado por un río y rodeado por una serie de colinas y cerros, como el Nonoalcatépec (actualmente llamado La Malinche), El Cielito y Xicococ, hoy Jicuco, por lo que a la ciudad se le conoce también con el nombre de Tula-Xicocotitlan. Gracias a los relatos de los viejos cronistas se elaboró una legendaria historia tolteca con la dinastía de los reyes, entre los que mencionan a Chalchiutlanetzin, Iztlicuecháhuac, Huetzin, Totepeuh, Nacáxoc, Mitl, Tecpancaltzin, Mixcóatl y Topiltzin. Esta dinastía representa los primeros grupos nahuas, que entraron en relación con los teotihuacanos del último periodo.

La ciudad de Tula fue destruida hacia el año 1160, seguramente por invasiones bárbaras que nunca dejaron de constituir una amenaza. Todos los supervivientes a la invasión salieron huyendo y Tula quedó desierta. Así, los que fueron habitantes de esta magnífica ciudad y de una de las civilizaciones más avanzadas del momento, se convirtieron en grupos nómadas que se dispersaron por todo el territorio de México y llegaron hasta Nicaragua, al sur, estableciéndose donde podían y a veces se convertían en la clase gobernante de los pueblos conquistados.

En el siglo IX, la desaparición de los grandes centros del periodo Clásico provocó movimientos migratorios, no sólo de grupos mesoamericanos sino también de algunos provenientes de Aridoamérica. Estos últimos son los grupos chichimecas, que, como veremos más adelante, tenían una cultura completamente diferente de la mesoamericana. Eran un pueblo guerrero, pero solían mezclar las costumbres de las ciudades que conquistaban con las suyas propias, así que al penetrar en este territorio originaron un intercambio cultural del que surgieron nuevas instituciones y rasgos que caracterizaron al Posclásico. De esta manera, los pueblos poderosos del periodo Posclásico justificaron su posición hegemónica argumentando el ser herederos del orden político instaurado por los toltecas. El ser descendiente directo de esta civilización era un símbolo de grandeza, y todo el que tenía afán de poder se adjudicaba el título de descendiente de los toltecas, lo que dificulta precisar sus verdaderos orígenes, así como la ubicación de Tula —como la Tollan legendaria— y la veracidad y cronología de la historia del gobernante Quetzalcóatl.

Los supuestos herederos de la civilización tolteca hablaban de la Tollan como una ciudad maravillosa e imponente, en donde los elotes y las calabazas eran tan grandes que cada uno tenía que ser cargado por un hombre; donde el algodón de todos los colores salía directamente de la planta y surcaban su cielo aves exóticas que cantaban dulces melodías; donde el tamaño de las matas de huauhtli era tan grande que podían cubrir árboles. Los habitantes de esta mítica capital, los toltecas, eran imaginados como bellos hombres y mujeres, y considerados los artistas del pasado, y Quetzalcóatl era el representante de la sabiduría, el descubridor de los grandes secretos del mundo, que vivía en aposentos magníficos decorados con piedras preciosas, plumas finas, oro, plata y conchas marinas.

Todas estas historias suscitaron dudas a la hora de identificar a la Tula histórica y averiguar si correspondía realmente a la Tula arqueológica; afortunadamente estas dudas se subsanaron cuando, en Tula Xicocotitlan, en el estado de Hidalgo, fueron identificados algunos accidentes geográficos que se mencionaban en los testimonios históricos. Como he dicho antes, los jefes dominantes de épocas posteriores, que decían descender de aquellos viejos toltecas, con el linaje noble fundado por Quetzalcóatl cargaron la historia de la ciudad de exageraciones, y la leyenda de su grandeza se convirtió en el soporte político de estos líderes para poder acceder «legítimamente» al poder. Al parecer no existió solamente una ciudad de Tula, sino varias, que estaban conformadas como centros de poder que en sus momentos de gloria justificaron a los gobernantes de los pueblos dependientes.

Al ser desterrado y muerto Topiltzin, comenzó una nueva dinastía de reyes. Su fundador, que evidentemente, y después de su victoria sobre el antiguo gobernante, impusieron los partidarios de Tezcatlipoca, se llamó Matlacxóchitl, del cual no se sabe que haya hecho algo muy relevante. Después de él siguieron otros reyes como Matlacóatl, Tlilcóatl, Nauyotl y el famoso Huémac. El reinado de este último es muy importante, porque fue en ese tiempo cuando ocurrió la destrucción de Tula. Las luchas internas y la llegada de nuevos grupos de chichimecas bárbaros, para más exactitud teotihuacanos-chichimecas, destruyeron la ciudad y obligaron a Huémac a huir y refugiarse en Chapultepec, aproximadamente hacia el año 1168, donde murió seis años después.

Después de que Huémac se marchó de la capital tolteca, fue nombrado el último de sus reyes, Nauyotl, que permaneció en Tula hasta que las nuevas hordas de chichimecas lo obligaron a emigrar con su gente hacia el sur al frente de los grupos colhuas, los que a su vez desplazaron a los olmecas históricos de Cholula.

Cuando el Imperio tolteca fue destruido, sus antiguos habitantes tuvieron que emigrar, y estos grupos, que eran nahuas-otomíes y que formaban parte de él, se fueron en varias direcciones y se repartieron por diversos territorios. Esta gente era conocida desde entonces con el nombre de tribus nahuatlacas, que finalmente se unieron a las hordas de Xólotl, el dirigente de los grupos bárbaros chichimecas, y ocuparon el valle de México aproximadamente en el año 1224. De aquí viene el parentesco de Netzahualcóyotl con estas culturas, ya que él es, según las crónicas, descendiente directo del gran Xólotl, y ésta es la razón de que incluya esta breve introducción en el libro que tienen en sus manos.

La cultura tolteca fue el resultado de la mezcla de las civilizaciones clásicas del centro de México, que fueron asimiladas por un grupo nahua, que no sólo adoptó estas culturas, sino que además introdujo muchas innovaciones aprendidas de otras tradiciones culturales tan importantes y desarrolladas como la maya, la zapoteca y la mixteco-cholulteca; no olvidemos que los toltecas no dejaron nunca de moverse. Cuando todo este conjunto de tradiciones políticas, sociales y culturales se fundieron casi en una sola, y aunque era una colectividad muy heterogénea, conservó siempre sus propios rasgos. Era una sociedad teocrática, su organización social es la que posteriormente adoptarían todos los grupos descendientes de éste, que se dividía en clases sociales: en lo más alto de la pirámide estaban los gobernantes-sacerdotes; en el siguiente peldaño, los administradores, después los guerreros, más abajo los comerciantes, y en la base los artesanos y agricultores, todos con sus rangos y funciones bien definidos.

La función de la clase gobernante era conseguir con su dirección la correcta organización de la sociedad, y que la producción, la distribución y el consumo estuvieran controlados; también eran encargados de la urbanización de las ciudades y de las obras públicas. Por último, como su nombre lo indica, era la que ostentaba el poder y tenía acceso al conocimiento científico y religioso. Como consecuencia de lo anterior, esta clase era la que se dedicaba al arte de la escritura, la arquitectura, la astronomía y las matemáticas; conocían y seguían el calendario y los sistemas de medición del tiempo e interpretación de los días propicios o negativos. Como he dicho, a esta clase también pertenecían los sacerdotes; de hecho, generalmente las mismas personas tenían ambos cargos, y eran depositarias de todo el complejo ritual de las ceremonias públicas y privadas que regulaban la vida de estos pueblos que se regían principalmente por mandatos religiosos. Junto a este grupo dirigente existía un aparato administrativo y burocrático que abarcaba distintos niveles y actividades, y que estaba completamente separado de la producción agrícola y artesanal.

Como en todas las sociedades humanas, la base del sistema estaba constituida por el grueso de la población, que tenía por cometido la realización de todos los procesos y actividades productivas que daban lugar a la manutención y a la reproducción de la sociedad. Era la que producía y procesaba los alimentos, los bienes de consumo y objetos suntuarios. También aportaba la fuerza de trabajo con la que se construían y conservaban los innumerables bienes públicos, como los palacios, las plazas, los sistemas de canales, las pirámides, los conjuntos de terrazas artificiales, las calzadas, calles y drenajes.

Los barrios populares estaban poblados por numerosos edificios de forma piramidal, que se distribuían por toda la comunidad y además eran utilizados como templos de barrio en los que se realizaban los cultos y las ceremonias religiosas en que participaban los habitantes de cada una de estas zonas. La mayoría de estas colonias se dividieron y adoptaron el nombre de las especialidades de sus habitantes, algo parecido a la división de los barrios de las poblaciones de la Europa medieval y moderna: el barrio de los alfareros, de los carpinteros, de los joyeros, etc.

También se formaron barrios de grupos de extranjeros que estaban especializados en diferentes actividades; así vemos que hay indicios de la existencia de pequeñas colonias de mayas, de huastecos, mixtecos y de grupos del centro de Veracruz, de la costa del Pacífico, de Chiapas y de Guatemala.

Otro aspecto importante era el comercio, representado en el mercado principal de la ciudad, que se ponía cada cinco días en algunas de las plazas o espacios abiertos que quedaban cerca del recinto monumental; es el antecedente de los famosos tianguis, en los que se podía encontrar toda clase de alimentos y objetos de primera necesidad. También estaban presentes en un primer plano los enormes conjuntos en los que se encontraban las escuelas para jóvenes nobles, que eran muy semejantes al calmécac de los mexicas.

Respecto a la religión, se sabe que los toltecas eran politeístas pero reconocían sobre todos sus dioses a un ser divino superior llamado Tloque Nahuaque, a quien adoraban ofreciéndole flores y resinas aromáticas. Éste es el dios creador que, según Fernando de Alva Ixtlixóchitl, adoraba Netzahualcóyotl, y por el cual se piensa que este rey era seguidor de una religión monoteísta más avanzada.

También creían en una doble deidad creadora, conocida como Ometecuhtli y Omecíhuatl, o Tonacatecuhtli y Tonacacíhuatl, que significa «el señor y la señora de nuestra carne o de nuestro sustento», fuerza inicial y ordenadora de todas las obras de la Naturaleza. El mito dice que Ometecuhtli creó trece cielos en donde habitaban él y los demás dioses.

Cuando los toltecas se fundieron con los chichimecas, adoptaron como deidad a Tezcatlipoca, que era el protector de los cazadores y de los hechiceros, y estaba relacionado con el cielo nocturno. Respecto a Quetzalcóatl, éste era un dios ajeno a los toltecas, pero su rito era muy antiguo en las culturas clásicas, era considerado como el dios del agua que fecunda la tierra. Para los toltecas era el dios del bien y de la civilización, que, como hemos visto, fue impuesto por el rey Ce-Ácatl Topiltzin Quetzalcóatl, quien adoptó su nombre y lo impuso durante su mandato.

Pero veámoslo más detenidamente. ¿Quién era Quetzalcóatl, el dios?

«Nuestros padres y abuelos nos dicen que él nos ha creado y formó, él cuyas criaturas somos: nuestro príncipe Quetzalcóatl. También ha creado el cielo, el sol y la deidad de la tierra.»

El dios Quetzalcóatl originalmente provenía de la cultura teotihuacana; sin embargo, los toltecas lo adoptaron con todas sus consecuencias y lo convirtieron, ya desaparecido Topiltzin, en una de sus dos principales deidades. Según la mitología, Quetzalcóatl era uno de los cuatro hijos de la pareja suprema de la mitología tolteca: Tonacatecuhtli y Tonacacíhuatl, «el señor y la señora de nuestra carne o de nuestro sustento». Cuentan que, en el principio de los tiempos, dos de estos cuatro vástagos, Quetzalcóatl y Tezcatlipoca, crearon la tierra y el cielo, y para ello cada uno utilizó una mitad de la diosa de la tierra. La pobre diosa, dividida, no podía soportar su desdicha; entonces, para consolarla por lo sufrido, los demás dioses, también indignados por el proceder de Tezcatlipoca y Quetzalcóatl, decidieron usar el resto de diversas partes de su cuerpo divino para dar lugar a toda la Naturaleza: montañas, valles, ríos, árboles, flores, plantas, etc., y que por lo menos su sacrificio no fuera en vano.

Después, Quetzalcóatl secuestró a la diosa Mayahuel (encarnación de dicha planta), la sacó del cielo e hizo nacer de sus huesos los primeros magueyes después que la diosa había sido asesinada y destrozada por las deidades de la oscuridad. (No hay que olvidar que el maguey constituye un símbolo muy importante en las culturas prehispánicas, ya que de él se extrae, entre otras muchas cosas, el pulque, una bebida sagrada.)

Quetzalcóatl y Tezcatlipoca, a pesar de ser hermanos, o quizá por eso, estaban en pugna constante, y de tales reyertas resultaban victorias o derrotas de uno y de otro que fueron creando y destruyendo los mundos-soles, los cuatro espacios-tiempos consecutivos. Quetzalcóatl, que siempre intervenía en la construcción o destrucción de cada uno de ellos, se transformaba él mismo en uno de esos soles.

Un mal día, el cielo se cayó sobre la tierra en el cuarto sol, y de nuevo fueron Quetzalcóatl y Tezcatlipoca los que lo levantaron, pero no solos, sino con la ayuda de cuatro hombres creados por ellos. En premio a su hazaña, Quetonacatecuhtli les compensó haciéndolos señores del cielo y por eso desde ese momento se ven representados en él por las estrellas. Después del buen servicio que habían hecho aquellos cuatro primeros hombres, Quetzalcóatl decidió crear al resto de la humanidad. Para conseguirlo, lo primero que hizo fue bajar al inframundo para pedir a Mictlantecuhtli, su guardián, el hueso precioso de generaciones anteriores. Después de pasar por una serie de duras pruebas lo consiguió, pero con tan mala suerte que el hueso se rompió en miles de trozos que llevaron al Tamoanchan. De estos pedacitos se formaron los hombres, gracias a que todos los dioses, siguiendo el ejemplo de Quetzalcóatl, los rociaron con su sangre en una acción de autosacrificio. Quetzalcóatl era responsable de estos nuevos seres; para alimentarlos se convirtió en hormiga y consiguió el maíz que estos bichos guardan en el interior del cerro de las subsistencias.

Los toltecas también adoptaron otros dioses de culturas diferentes, como Tláloc, dios de la lluvia; Tlahuizcalpantecuhtli, una de las advocaciones de Quetzalcóalt, cuyo nombre significaba el lucero del alba; Cintéotl, la diosa del maíz e Itzpapálotl, el dios mariposa.

Capítulo II

— Los aztecas —

No puedo dejar de hacer en este trabajo una breve semblanza de la historia anterior a nuestro personaje, y a ella pertenece la del pueblo mexica, ya que no sólo fueron primero rivales y luego aliados, sino que la madre de Netzahualcóyotl era la hermana de uno de los grandes emperadores de este imperio: Chimalpopoca.

El origen del pueblo azteca (gente del lugar de las garzas) o mexica es un lugar llamado Aztlán, o «lugar de las garzas», localizado posiblemente en una isla del río San Pedro llamada Mexcaltitán.

La leyenda que cuenta el hallazgo de la tierra prometida por medio de un nopal, un águila y una serpiente, viene de tiempos muy remotos, al igual que el resto de los símbolos que representan la identidad mexica; todos ellos se pueden encontrar en el mito que cuenta la peregrinación desde el lejanísimo Aztlán hasta que consiguen fundar la gran ciudad de Tenochtitlán en 1325. Huitzilopochtli, su dios más importante, ordena a los aztecas abandonar Aztlán, el mítico lugar de origen, y buscar mejores lugares, más fértiles, que reconocerían gracias a la manifestación de un símbolo claro e inconfundible: un águila agitando sus alas y de pie sobre un nopal. Este mito seguramente se inventa cuando los aztecas adquieren poder en el valle de México, pues se encuentra en los relatos que narran la fundación de la ciudad en los monumentos que simbolizan el poder mexica.

La tradición de los viejos afirma que Huitzilopochtli habla claramente a su pueblo protegido y le señala el camino que debe seguir:

Yo os iré sirviendo de guía,
yo os mostraré el camino.

En seguida, los aztecas comenzaron a venir hacia acá.
Existen, están pintados,
se nombran en lengua azteca
los lugares por donde vinieron pasando los mexicas.
Ciertamente andaban sin rumbo,
vinieron a ser los últimos.

Al venir,
cuando fueron siguiendo su camino,
ya no fueron recibidos en ninguna parte.
Por todas partes eran reprendidos.

Nadie conocía su rostro.
Por todas partes les decían:
¿Quiénes sois vosotros?
¿De dónde venís?

Así en ninguna parte pudieron establecerse,
sólo eran arrojados,
por todas partes eran perseguidos.
Vinieron a pasar a Coatépec,
vinieron a pasar a Tollan,
vinieron a pasar a Ichpuchco,
vinieron a pasar a Ecatépec,
vinieron luego a Chiquiuhtepetitlán.
En seguida a Chapultepec,
donde vino a establecerse mucha gente.

Y ya existía señorío en Azcapotzalco,
en Coatlinchán,
en Culhuacán,
pero México no existía todavía.
Aún había tunares y carrizales,
donde ahora es México.

Se instalan por un corto período de tiempo en Chapultepec, pero son tratados hostilmente y rechazados por los habitantes de Azcapotzalco, y se ven obligados a seguir su camino. A continuación se refugian en los alrededores del señorío de Culhuacán, al sur del lago de Texcoco. Llegados allí, hacia el año 1299 d.C., piden al rey de los culhuacanos que les conceda algún lugar para poder establecerse. Los culhuacanos, no muy amablemente, los envían a una región agreste de Tizapán, al sur de la actual ciudad de México, para que las serpientes venenosas, que son muy abundantes en esa región, terminen con esa gente extraña, los detestables aztecas. Pero al llegar a Tizapán,

Los aztecas mucho se alegraron,
cuando vieron las culebras.
A todas las asaron,
las asaron para comérselas,
se las comieron los aztecas.

Así, los mexicas, en lugar de convertirse en víctimas de las peligrosas serpientes, les dan muerte y las convierten en su alimento. El pueblo azteca comienza a crecer, hasta convertirse en un poderoso gigante que cambia radicalmente el destino del México central. Ya establecidos, los aztecas empiezan a buscar mujeres entre las hijas de sus vecinos los culhuacanos y los pueblos cercanos, pues necesitan reproducirse y crecer. Además es una buena manera de ir emparentando con sus vecinos.

En el año de 1323 su dios tutelar, Huitzilopochtli, les ordena que vayan a pedir al nuevo rey de Culhuacán, Achitómetl, a su hija doncella, para convertirla en su diosa Yaocúhuatl: la mujer guerrera. No sabemos si es por miedo, o quizá por la ilusión de que su hija se convirtiera realmente en la diosa viviente de los aztecas, Achitómetl acepta la demanda de los mexicas. El problema es que el cruel dios Huitzilopochtli no ordena conservar la vida de la doncella, sino que la pobre chica culhuacana sea sacrificada inmediatamente. Vestido un sacerdote con un atuendo que simboliza a Yaocúhuatl, la mujer guerrera, los aztecas cumplen la última parte de la orden de Huitzilopochtli, que consiste en invitar al anciano señor de Culhuacán a que se presente a dar culto a la nueva diosa: su hija.

Los culhuacanos acuden a la invitación para adorar a la diosa, que después de todo es el equivalente a su princesa. La joven ha sido sacrificada, y el sacerdote utiliza su piel como vestido. Al llegar al templo donde se halla el sacerdote, el humo del copal no permite al rey Achitómetl darse cuenta desde el primer momento de lo que pasa en aquel lugar. Tranquilamente empieza a realizar sus sacrificios y degolla varias codornices ante la que cree que es su hija, la diosa viviente de los aztecas. El humo del incienso se va disipando y, de pronto, el infeliz rey culhuacano se da cuenta de la barbaridad que han cometido quienes han dado muerte a su hija.

> Comenzó entonces la lucha,
> Pero luego se oyó que Huitzilopochtli decía:
> Sé lo que ha pasado,
> salíos con tiento,
> con cautela escapad de aquí.
>
> Los de Culhuacán persiguieron a los aztecas,
> los arrojaron al agua,
> los aztecas se fueron a Acatzintitlán.
> Todavía entonces les persiguieron los culhuacanos.
> Pero los aztecas atravesaron hacia acá,
> se vinieron con la flecha y el escudo,
> y a quienes no podían vadear el agua
> les puso un puente
> una mujer vestida a la marca antigua,
> nadie sabe de dónde vino.

Cuando los aztecas huyeron,
cuando salieron a combatir,
sus niños estaban durmiendo en las cunas,
otros cuantos gateaban...

Con este salvaje comportamiento, los aztecas dejan claro que su manera de pensar y vivir es muy diferente de la de los otros pueblos de origen tolteca. Como es de esperar, tienen que huir del pueblo de Culhuacán.

La religión es sumamente importante para el pueblo azteca; de hecho, su existencia gira completamente alrededor de ella. Es el móvil principal de las acciones individuales estatales. La organización política azteca es una teocracia militar; sin embargo, el fin guerrero está por debajo del fin religioso, y el mismo emperador es un sacerdote.

Como hemos dicho antes, la religión no sólo influye en la política; es esencial en la organización social, y los clanes o calpullis (barrios) no sólo son divisiones territoriales, sino también religiosas, pues están subordinadas a un dios particular.

¿Por qué tiene la religión tanta importancia en la vida del pueblo mexica? Este pueblo cree que fue creado para cumplir una importante misión, que fue elegido por un dios tribal para que, con su ayuda, se cumpla el destino del mundo y se realice el ideal humano tal como ellos lo entienden. Ésa es la razón de su comportamiento cruel y egoísta para con las culturas que lo rodean.

Volvamos a Culhuacán. En su huida, los sacerdotes aztecas, conductores de la peregrinación, informan a su gente que sólo cuando encuentren al sol, que estará representado por el águila, posado sobre un nopal espinoso, cuyas tunas rojas tienen la forma del corazón humano, sólo en ese lugar han de detenerse y de fundar la ciudad, porque eso significa que el Pueblo del Sol, el pueblo elegido por Huitzilopochtli, ha encontrado el sitio desde donde debe crecer y convertirse en el instrumento con el cual el dios va a lograr cosas muy importantes. Por eso les dice:

De verdad os iré conduciendo a donde habréis de ir,
apareceré como águila blanca,
por donde habréis de ir os iré voceando,
id viéndome no más,
y cuando llegue allí,
a donde me parezca bien que vosotros vayáis a asentaros,
allí posaré, allí me veréis;
de modo que allí haced mi adoratorio,
mi casa, mi cama de hierba,
donde yo estuve levantado para volar,
y allí la gente hará casa, os asentaréis.
La primera cosa que os adornará será la calidad de águila,
la cualidad de tigre, la guerra sagrada, flecha y escudo;
esto es lo que comeréis, lo que iréis necesitando;
de modo que andaréis atemorizando:
en pago de vuestro valor andaréis venciendo,
andaréis destruyendo a todos los plebeyos y pobladores que ya estén
asentados allí,
en cuanto sitio iréis viendo.

Y ofrece como recompensa de su éxito a los conquistadores y hombres valientes las mantas labradas, los maxtles, las plumas colgantes de quetzal.

Llegaron entonces
allá donde se yergue el nopal.
Cerca de las piedras vieron con alegría
cómo se erguía un águila sobre aquel nopal.
Allí estaba comiendo algo,
lo desgarraba al comer.

Cuando el águila vio a los aztecas,
inclinó su cabeza.
De lejos estuvieron mirando al águila,
su nido de variadas plumas preciosas.
Plumas de pájaro azul,

plumas de pájaro rojo,
todas plumas preciosas;
también estaban esparcidas allí
cabezas de diversos pájaros,
garras y huesos de pájaros.

Cumplido el designio del dios, la soñada ciudad de Tenochtitlán es fundada por los aztecas en 1325, sobre un islote del lago de Texcoco. Este islote también es llamado Metzlipan o Metztliapan, en honor de la luna, que en náhuatl (la lengua mexica) es llamada Metztli, de esta palabra toma la ciudad su primer nombre: México. El islote está situado al sudeste de Tlatelolco.

Ya establecidos los aztecas en México-Tenochtitlán, en medio del lago de la luna, eligen a su primer señor o tlatoani: Acamapichtli, y, como siempre dirigidos por los sacerdotes de su dios, se disponen a cumplir su misión, que consiste en colaborar por medio del sacrificio humano en la función cósmica, ya que ésta es la ayuda que debe proporcionar el hombre al sol para que pueda luchar con la luna y las estrellas, y vencerlas todos los días.

Capítulo III

— Los chichimecas —

GENÉRICAMENTE, decir chichimeca era equivalente a decir bárbaro o salvaje. Pero existen diferentes interpretaciones de su significado literal. En náhuatl, esta palabra significa «linaje de perros». No se sabe exactamente a qué se refiere esta definición, pero hay dos teorías bastante sostenibles: puede ser un nombre tribal en que el perro era el tótem del grupo, pero también es posible que el nombre venga de una antigua leyenda de origen huichol. La historia dice que la madre de todos los dioses anunció a un leñador un diluvio en el que morirían todos los hombres; pero había una manera de salvarse, que era introducirse en un tronco hueco acompañado de una perra. El leñador hizo lo que la gran diosa le ordenaba, y luego ella cerró tan bien el tronco, que éste flotó hasta que terminó la lluvia y se secó la tierra. Entonces salieron el leñador y su perra. Al estar solos en el mundo, y sin saber dónde se encontraban, se instalaron en una cueva y él salía diariamente a cortar leña. Al regresar a la cueva después de su jornada, todos los días se encontraba agua del río y tortillas calientes. Al ser el leñador el único hombre superviviente no se podía explicar de dónde venían esas cosas. Como no pudo soportar la curiosidad, decidió esconderse, y cuál no fue su sorpresa al ver que su querida compañera canina se quitaba la piel y se convertía en una mujer. El leñador, que se sentía muy solo desde el diluvio, aprovechando que la mujer se

33

había ido al río para traer agua, quemó la piel de perra. La pobre mujer empezó a dar terribles gritos de dolor porque sentía dolores horrorosos en la espalda, y es que la tenía achicharrada de la misma manera que la piel de la perra. El leñador, consternado, le echó encima el agua que ella tenía ya lista para preparar la masa de las tortillas y con eso se alivió. A pesar de la traición del leñador, la buena mujer le perdonó; tiempo después se casaron y tuvieron varios hijos, que son de un «linaje de perros».

Otra teoría es la de Fernando de Alva Ixtlilxóchitl, que menciona que en su idioma chichimeca quiere decir «las águilas»; otros autores la traducen como «chupadores», y explican que el verbo chichi significa «mamar», y según Torquemada se les dio este nombre porque tenían la costumbre de chupar la sangre de los animales que cazaban. Independientemente de las interpretaciones, se puede decir que la mayoría de los autores están de acuerdo en que el término chichimeca define a un pueblo en estado salvaje, incivil, y con una cultura inferior.

En el momento en que llegaron los españoles, los chichimecas estaban divididos en cuatro naciones principales: los pames, los guamares, los zacatecos y los guachichiles; estos dos últimos, a diferencia de los tecuexes, caxcanes y los otros dos grupos, tenían un grado de cultura inferior; digo esto porque los otros cuatro contaban con adoratorios y ya practicaban la agricultura, aunque no hay que olvidar que la mayoría de los chichimecas se dedicaban a la caza y la recolección, y solamente los que vivían cerca de los ríos o en áreas donde había ojos de agua, manantiales, etc., conocían el arte del cultivo.

Se han encontrado vestigios arqueológicos chichimecas, como las ruinas de Chalchihuites, y especialmente La Quemada, así como otros lugares en los estados de Durango, Querétaro y otros, que indican que estas tribus, aunque eran fundamentalmente nómadas, tenían ciertos rasgos importantes de sedentarismo. La primera prueba son estas ruinas, que habían sido centros construidos posiblemente para organizar las fiestas o para realizar actividades comerciales, que quizá sirvieron de centro de atracción de grupos desperdigados. Otro factor importante es que durante mucho tiem-

po recibieron influencias de culturas tan civilizadas como la teotihuacana y la tolteca.

En estos sitios, como en otros, dentro del conjunto de los grupos nómadas se habían formado núcleos que, al depender más de
la agricultura, se volvieron más ricos y poderosos que el resto. La
existencia de estos lugares demuestra la presencia de grupos más o
menos permanentes y con una población mucho mayor de la que
nunca hubiera podido tener una sencilla tribu formada tan sólo de
cazadores y recolectores. De todas formas, no sobra aclarar que La
Quemada, a pesar de su gran su tamaño y el gran esfuerzo que representa, nunca fue capaz de alcanzar el grado de civilización de
otras ciudades contemporáneas. Cabe pensar que de esta ciudad, o
de otras de las mismas características, surgieran los innumerables
grupos que en diferentes momentos se aventuraron a intentar la conquista de sus vecinos del sur. Entre todos estos grupos se mueve uno
que en ese momento no tenía casi ninguna importancia, pero que
es posible que participara de algún modo poco relevante en la conquista de los toltecas: los mexicas, de los que he hablado anteriormente.

Pero vayamos por partes. Conocidos sus orígenes, que al ser un
conjunto de grupos principalmente nómadas no se puede ser muy
exhaustivo, pasemos a la historia y, sobre todo, a sus vínculos con
otras culturas que dieron lugar a civilizaciones tan importantes como
la mexica o la texcocana.

La relación de los chichimecas con los toltecas no fue del todo
bélica: ya he hablado de la enorme influencia cultural que tuvieron
los segundos sobre los primeros; pero ¿cómo surgió esta relación?
Durante un año los colonos hicieron sufrir mucho a los toltecas,
porque querían destruirlos. Por eso los toltecas suplicaron a su dios
y amo llorando de tristeza y le dijeron:

—Señor nuestro, amo del mundo, por quien todo vive, nuestro Creador y Hacedor, ¿ya no nos brindarás aquí tu protección?
Los xochimilcas y los ayapancas nos molestan mucho porque de-
sean destruir nuestro pueblo. Tú sabes bien que no somos muchos.
Que no perezcamos a manos de enemigos. Compadécete de nosotros, que somos tus vasallos, y aleja la guerra. Dios hombruno, es-

cucha nuestro lamento y llanto. Que no seamos destruidos. Antes bien, que el poderío de nuestros enemigos sea aplastado y que perezca su pueblo y su dominio, su nobleza y su gente.

Él respondió:

—No estéis tristes ni lloréis. Yo ya lo sé. Ya os digo, Icxicóhuatl y Quetzalteuéyac, id al cerro de Colhuaca, allá están los chichimecas, grandes héroes y conquistadores. Destruirán a vuestros enemigos los xochimilcas y ayapancas. No lloréis. Idos ante los chichimecas e imploradles insistentemente. Observadlo bien, todo esto os lo mando.

Después de caminar durante siete días, ya muy cansados llegaron al cerro de Colhuaca y encontraron a los chichimecas dentro de la cueva. Después de realizar una serie de ritos mágicos para implorar ayuda a sus dioses, los embajadores toltecas consiguieron que salieran los chichimecas junto con su intérprete, que era indispensable, pues cada uno hablaba una lengua diferente. Al estar todo dispuesto, los embajadores tomaron la palabra:

—Escucha Couatzin (el intérprete), venimos a apartaros de vuestra vida cavernaria y montañesa.

Al acabar el diálogo, las dos partes entonaron un canto incomprensible para nosotros. Lo importante de esto es que los chichimecas entendieron el fondo del mensaje: los toltecas lo que les proponen es un intercambio en el que ellos transmitirán su cultura a los chichimecas y éstos a cambio les ayudarán como guerreros para vencer a sus opresores. Ya terminadas las explicaciones de los embajadores toltecas, les demuestran a sus ansiados posibles aliados su agradecimiento, ennobleciendo a los jefes chichimecas perforándoles la nariz en su forma tradicional con el hueso del águila y del jaguar. Como cuentan los cronistas, «aquí terminan los caminos y los días».

Este intercambio en el que cada parte ofrece las aportaciones que le corresponden, los toltecas la civilización y los chichimecas la fuerza armada, consigue con el tiempo enormes ganancias, sobre todo para los chichimecas. Éstos, rodeados de las antiguas civilizaciones clásicas que habían conquistado, en lugar de desaparecer fueron absorbiendo poco a poco la añeja cultura tolteca.

Como se ha visto, en el año 1116 los chichimecas del norte invadieron a los toltecas y destruyeron su imperio. Al ser exterminados casi por completo, no les quedó más remedio que diseminarse por varias partes, para intentar sobrevivir y salvar su civilización. Al parecer fue en esta época cuando el culto de Quezalcóatl tomó firme asiento en los pueblos del lago Dulce; estos pueblos eran los chalco, ayotzingo, Mizquic, cuitláhuac y culhuacán. Las tribus tolteca-chichimecas que llegaron fueron siete: xochimilcas, chalcas, tepanecas, culhuas, tlahuicas, tlaxcaltecas y mexicanos, que serán las protagonistas de la historia que contaré en este libro.

A fines del siglo XII y principios del XIII se realizó una gran cantidad de pequeñas invasiones chichimecas que no fueron más que un preámbulo de la gran invasión de 1224, la de los chichimecas encabezados por Xólotl, quien los empujó en una larga carrera de conquistas que como premio consiguieron establecer una nueva dinastía y un nuevo imperio sobre los vestigios de las civilizaciones vencidas.

No tardaron mucho tiempo en apoderarse de una gran parte del valle de México y, después de establecerse en esta región, fundaron su capital en un nuevo lugar llamado Tenayuca. Aquí empezaron a levantar una pirámide que va a ser continuamente ampliada por sus sucesores. Copiaron la mayoría de los elementos arquitectónicos de templos antiguos; pero además aportaron una nueva técnica para ahorrar tiempo y sobre todo espacio: colocaron dos templos separados sobre un solo basamento. Al principio una enorme escalinata conducía a los dos santuarios. Después la separaron en dos secciones por una alfarda ancha. De esta manera, cada uno de los templos tenía la misma importancia que el otro, y además conservaba su independencia. Uno de ellos estaba dedicado al gran dios tolteca-chichimeca, Tezcatlipoca; el otro a Tláloc, el dios de la lluvia, y representante principal de las civilizaciones antiguas. A pesar de todas estas muestras de sedentarismo, empezando por el inicio de la construcción de este santuario de Tenayuca, Xólotl y su gente siguieron siendo principalmente guerreros nómadas. La prueba de esto es que todavía no sembraban maíz, aunque sí lo hacían con algunas otras semillas, pero subsistían sobre todo de la caza.

Es verdad que Xólotl no tuvo la suerte de su antecesor de procrear un hijo tan ilustre como Quetzalcóatl; sin embargo, se convirtió en el origen de un linaje que reinó en el valle de México casi sin interrupción hasta la conquista española. Sus descendientes, además de ocupar siempre el trono chichimeca, se mezclaron con todas las familias reinantes de la época. Entre ellos se cuenta otra de las figuras más extraordinarias del México antiguo: Netzahualcóyotl, rey poeta de Texcoco.

Capítulo IV

— Texcoco —

E L vocablo «texcoco», en lengua náhuatl, quiere decir «en la Jarilla de los riscos». Esta ciudad fue fundada por los toltecas alrededor del año 1200 (el protagonista de esta obra nacerá en este mismo lugar doscientos dos años después). Al fundarse se llamó Katenichco, que significa lugar de detención, ya que era paso obligado para llegar a la que sería la gran Tenochtitlán; también se le conoce como «lugar de los espejos», tal vez por los reflejos del lago de Texcoco. Después de pasar por un complejo proceso de aculturación que duró varias generaciones de gobernantes, se convirtió en la capital del reino de los acolhuas. Este proceso consistió principalmente en dar el paso de nómadas a sedentarios, que fue tan importante para el desarrollo de las culturas posteriores de la región, y que se registró tanto en documentos pictográficos como en historias escritas en náhuatl y en castellano. Las principales consecuencias de estos cambios culturales se hicieron patentes en la alimentación, en que se inició la práctica de la agricultura, progresó el vestuario, las armas, la vivienda, las técnicas de urbanización, se modernizó la organización política y económica, y se enriquecieron el lenguaje y la religión.

Los chichimecas buscaban mejores condiciones de vida; por eso que se trasladaron al altiplano central donde la caza era más abundante, la recolección más fructífera, y posteriormente comenzaron a apreciar las posibilidades agrícolas y el trato con los habitantes anteriores de esas zonas. Recordemos que por su condición de nómadas su principal actividad para sustentarse era la caza, lo que implicaba trasladarse a tierras lejanas; esto se convertía en un círculo vicioso que hacía imposible el paso a la sedentarización. Para arraigar a su gente, Xólotl y sus descendientes construyeron corrales para poder tener venados, conejos y liebres al alcance de la mano y no tener que ir a buscarlos lejos. Sin embargo, las costumbres nómadas estaban sumamente arraigadas en la mentalidad de estas tribus; esto lo prueba la siguiente anécdota: el bisnieto de Xólotl, Quinatzin, designó a dos señores importantes para que aprendieran y practicaran la cría de animales, pero en lugar de cumplir sus órdenes mataron a todo el «ganado», y por esta razón los desterró, aunque posteriormente se sublevaron. Con esto no quiero decir que todos los esfuerzos fueran inútiles; de hecho, con el tiempo se consiguió que los chichimecas adoptaran las prácticas de cría de ganado.

Con la agricultura sucedió algo parecido. Desde que los toltecas se dispersaron nadie había vuelto a sembrar maíz; afortunadamente la herencia de su cultura seguía viva. Así, un descendiente de los toltecas que se llamaba Xiuhtlato, y vivía en Cuautepec, había guardado unos granos de maíz. Un buen día decidió sembrarlos con tan buena fortuna que se fueron multiplicando tanto, que los repartió entre toda su gente. De esta manera los chichimecas y los herederos de los toltecas retomaron la práctica del cultivo del maíz, que se convirtió en la base de la alimentación del mundo prehispánico.

Tuvo tal éxito esta renovada costumbre, que Nopaltzin, el gobernante chichimeca de turno, ordenó que se sembrara maíz en todo su territorio. Tiempo después, Tlotzin Póchotl, hijo de Nopaltzin y que fue educado en Chalco, aprendió de su maestro Tecpoyo Achcauhtli a cultivar la tierra y vio «cuán necesario era el maíz y las demás semillas y legumbres para el sustento de la vida humana», y ordenó a todos sus súbditos que se dedicaran a la agricultura. Igual que pasó con la cría de animales, muchos no aceptaron esta imposición, y se marcharon a Metztitlan y a Toepec. Los chichimecas eran demasiado tozudos, así que fueron los otomíes los que aceptaron más fácilmente el paso de recolector a agricultor, del nomadismo al sedentarismo, y después se lo fueron transmitiendo a sus vecinos.

Bajo el reinado de Tlotzin, nieto de Xólotl, llegaron al valle un grupo de emigrantes que poseían antiguos conocimientos y una cultura más avanzada que la que existía allí. Algunas crónicas los llaman los «regresados», porque posiblemente era un pueblo que ya había vivido en aquel lugar, y por alguna razón desconocida emigró a la Mixteca, donde sus habitantes tenían una cultura muy refinada que estos emigrantes pudieron adoptar. Después de algún tiempo, éstos retornaron al valle de México, y por eso se les nombró «regresados». Es posible que a esta gente se le deba que las chinampas volvieran a ser una importante fuente de productos. La fina orfebrería azteca, que es claramente descendiente directa del estilo mixteco, puede ser igualmente herencia suya, al igual que el arte pictórico de los jeroglíficos y de los libros de historia que en aquella región oaxaqueña estaba tan avanzado. También se cree que estos emigrantes, junto con algunos otros que llegaron en esa época, hicieron las primeras casas de la ciudad de Texcoco, aproximadamente en el año 1327, además de introducir entre un grupo chichimeca la agricultura, la cerámica y muchos otros adelantos.

Todos estos cambios crearon serias desavenencias entre los diferentes grupos, pues una parte de los chichimecas, que siempre fue más reaccionaria que la otra, no quiso aceptar nunca estas novedades e intentó imponerse, pero no lo consiguió, y desde ese momento el grupo más adelantado se hizo con el poder y llevó a la monarquía chichimeca a convertirse, un siglo después, bajo el reinado de Netzahualcóyotl, en el centro de la cultura indígena, lo que con el tiempo valió a Texcoco el nombre de «Atenas americana». Todo este proceso no fue nada fácil, ya que la monarquía chichimeca fue durante mucho tiempo una monarquía sin capital fija. Y fue a mediados del siglo XIV cuando se instaló definitivamente en Texcoco y se convirtió en una civilización sedentaria.

Ya en la segunda mitad del siglo XIV, la próspera ciudad de Texcoco se embelleció con enormes palacios de gran cantidad de habitaciones para el rey y los nobles. Los recintos personales y los destinados a negocios gubernamentales se encontraban encerrados en una verdadera fortaleza; jardines y albercas embellecían las construcciones. Ya veremos más en un apartado dedicado a ello las descripciones de los templos, palacios y jardines de Netzahualcóyotl.

Capítulo V

— Chalco —

Otro de los grupos participantes en esta historia, aunque no de tanta relevancia como los anteriores y los tepanecas, de lo que hablaré después, fueron los chalcas. La región de Chalco-Amaquemecan era una de las zonas pobladas desde tiempo atrás. Hay noticias, por documentos escritos, que cuentan que los primeros pobladores de esta región fueron los xuchtecas, que eran conocidos por su fama de brujos y magos, que ejercitaban sus artes adivinatorias en el agua, a las que consideraban como su elemento.

Después de ellos aparecieron los olmecas, «gente del país del hule», que son conocidos como los olmecas históricos, para diferenciarlos de los que habitaron las costas de Tabasco y Veracruz. Luego llegó gente de Quiyahuiztlan y otros a los que llamaban cocolcas, que iban disfrazados de jaguar.

Estos antiguos grupos habitaron el monte Amaqueme, que en aquella época era conocido como Chalchiuhmomozco. De allí los expulsaron inmigrantes que provenían de diferentes lugares, como Aztlán, Teocuihacan o Tlapallan Chicomoztoc. Estos individuos no formaban un grupo homogéneo, más bien se distinguían unos de otros ya fuera por su dios tutelar, por su lenguaje o por el nombre del lugar relativamente definitivo que eligieron como asentamiento.

Otra etnia: los tecuanipas, que venían de Chicomoztoc, «el lugar de las siete cuevas», y eran adoradores de Mixcóatl, fueron adoptados por los chalcas gracias a que les llevaron nuevos productos, por ejemplo redes de canastas, objetos de caracol, pieles de gato montés, muñequeras, arcos y vestidos de pieles y papel de pachtli. Estos inmigrantes fueron aceptados en calidad de vasallos y se les puso la condición de que hicieran un terraplén.

En la región de Chalco-Amaquemecan, con esta variedad de gente de niveles culturales diferentes, se crearon verdaderas familias gobernantes en las cabeceras, que provenían de cinco grupos diferentes étnica y lingüísticamente hablando: los chichimecas-tecuanipas, los tenancas, los totolimpanecas-amaquemes, los poyauhtecas y panohuayas, y los nonohualcas tlayllotlacas. Todos consiguieron convivir en una paz relativa caracterizada por cierta tolerancia. Utilizando el trabajo de la mayoría, y la administración y la autoridad de las clases altas, consiguieron que Chalco funcionara como una región esencialmente agrícola de gran riqueza que fue codiciada por las grandes civilizaciones del siglo XIV, pero que fue muy difícil de conquistar, pues también logró tener un considerable poderío militar.

Sus enemigos eran los más poderosos de la región: los mexicas, que necesitaban conquistar Chalco, pues en Tenochtitlán había muy pocas tierras cultivables y no les quedaba más remedio que proveerse de maíz allí. Los problemas se agravaron cuando los inspectores que se encargaban de la recolección del maíz para los aztecas tomaron represalias en contra de la nobleza chalca, pues de esta manera consiguieron tener total libertad en la administración de las cosechas. Los nobles huyeron a Totomihuacan, en la actual Puebla, y se organizaron para repeler a sus enemigos. Había llegado el momento del enfrentamiento. El pueblo chalca emprendió una protesta por la marcha de sus gobernantes e intentaron unirse y luchar en contra los mexicas. Ambos bandos decidieron ejercitarse para empezar la lucha, y se instruyeron en lo que se conoce como guerra florida.

Esta situación duró algunos años, hasta que los mexicas, después de constituirse la Triple Alianza, consiguieron el apoyo de los texcocanos y del rey de Tlacopan para combatir a Chalco. De estas conquistas dependían cosas muy importantes: el control de la producción de maíz, legumbres, madera, canoas y piedra, además de la indispensable mano de obra muy calificada de los chalcas.

Capítulo VI

— Los problemas con Azcapotzalco —

E N 1367, los aztecas destruyeron, aliados con los tepanecas de Azcapotzalco, la ciudad de Culhuacan, que era el último centro medianamente importante donde todavía reinaban descendientes puros y directos de los toltecas. En ese momento este hecho parecía no tener demasiada relevancia; sin embargo, con el paso del tiempo el vacío de poder de este pueblo abriría la sucesión tolteca al trono, que años después los mexicanos reivindicaron en su provecho. Pasado un tiempo, en 1371, la otra fracción azteca, la de los tlatelolcas, tomaron Tenayuca, conquista que también hacen en favor de Azcapotzalco y perjudicando a los señores de Texcoco. Después de todas estas victorias y de cinco años de luchas, los mexicas de Culhuacán ya se consideraron aptos para nombrar a un rey, pues no iban a ser menos que sus hermanos los tlatelolcas. Pensaron mucho a quién les convenía elegir, y desecharon pedir a sus aliados los tepanecas que les proporcionaran a un gobernante, pues querían mantener cierta independencia, así que decidieron que lo mejor que podían hacer era elegir a un descendiente del antiguo rey de Culhuacan. Recordemos que este primer tlaotoani de los mexicanos fue Acamapichtli.

Los tepanecas de Azcapotzalco eran originarios del valle de Toluca y habían conservado en muchos aspectos las costumbres de sus antepasados toltecas; esto se debe a que, al parecer, esa zona no parece haber sido atacada durante las invasiones que precedieron a la caída de Tula. Ya instalados en el valle de México, establecieron su capital en Azcapotzalco, que fue el último lugar en el que vivió la civilización teotihuacana. Esto sucedió más o menos en 1230. Durante poco más de cien años, los tepanecas avanzaron lentamente y fueron gobernados por reyes que no tuvieron ninguna relevancia histórica, pero hacia 1363 subió al trono el que se convirtió en el verdadero fundador del imperio de Azcapotzalco: Tezozómoc, que se decía descendiente de Xólotl, y bajo cuyo reinado, que duró hasta 1426, su capital se convirtió en la ciudad más importante de la región.

El reinado de Tezozómoc se caracterizó por ser ante todo bélico, pues su principal actividad fue someter a todos los pueblos de alrededor. Como buen estratega, utilizó como mercenarios a los aztecas. Su primera conquista importante fue Culhuacan. Al darse cuenta del poderío con el que contaban, sobre todo teniendo bajo control a sus aliados, la ambición tepaneca no se hizo esperar, y el rey Tezozómoc decidió primero tomar todo el sur del valle, con el fin de más adelante englobar todo el antiguo imperio de Xólotl. Para conseguir sus objetivos, era necesario que reforzara su posición en la región del sur del valle de México, y para ello absorbió y aglutinó a un grupo considerable de pequeños señoríos independientes con carácter feudal que durante el siglo XIII y la mayor parte del XIV estuvieron en continuas luchas. Muchas veces los aliados se convertían en rivales y viceversa, lo que facilitó la tarea tepaneca, pues no existía ninguna alianza firme entre ellos.

En poco tiempo se hicieron dueños de todo el centro del valle entre Culhuacan y Tenayuca, así que había llegado el momento de que Tezozómoc y su gente prosiguieran expandiéndose tanto hacia el norte como hacia el sur. En esta dirección lanzó a sus mercenarios sobre la región de Morelos. Pero las conquistas que más le interesaban estaban hacia el norte. Por un lado estaba aislado, y con nulas posibilidades de defenderse, Xaltocan, y por otro, no en mejores condiciones, los herederos del antiguo poderío chichimeca. Xaltocan cae hacia 1400 y entonces ya sólo le faltaba llevar a su fin la conquista de Texcoco y de su imperio. Este imperio no estaba del todo unido, pues había sido dividido en señoríos, lo que hacía más fácil su derrota. Fueron cayendo uno por uno. Cuando Ixtlixóchitl accedió al trono de Texcoco la situación era casi insostenible y, para colmo de males, Tezozómoc se dedicó a hacer falsas promesas de paz a sus señores principales, lo que hizo todavía más inestable al señorío de Texcoco.

No contento con desestabilizar políticamente a su rival, convocó a los reyes de México y Tlatelolco, y les dijo que ya que había muerto el rey de Texcoco, que tantos años había tiranizado a su pueblo, él había decidido liberar a los señores principales para que cada uno pudiera gobernar su territorio independientemente del rey de Alcolhuacán, y que para conseguirlo necesitaba su ayuda. Los dos reyes se ofrecieron a servirle con sus tropas.

Con todos estos obstáculos de por medio, el reinado de Ixtlixóchitl nunca llegó a solidificarse; de hecho, los problemas empezaron desde el momento mismo en que fue elegido. Se cuenta que éste convocó a una ceremonia de su jura como soberano chichimeca: a ella sólo asistieron dos de los muchos señores que habían sido invitados. Los demás se disculparon poniendo de pretexto el estar ocupados en defender sus fronteras. La ausencia que más preocupó e hizo temer al nuevo soberano fue la de Tezozómoc, pues el tirano, no sólo se negó a asistir, sino que desconoció los derechos de sucesión de Ixtlixóchitl, argumentando que él, además de ser más viejo y tener más experiencia, también era descendiente de Xólotl. No contento con este desprecio y amenaza, Tezozómoc envió una embajada a Ixtlixóchitl que llevaba un supremo insulto: una carga de algodón en bruto con el mensaje de que quería que se lo devolviera convertido en mantas tejidas. Según la costumbre indígena, esto significaba que el viejo consideraba a Ixtlixóchitl como una débil mujer que sólo era capaz de hilar algodón. Además del enfado que le causó tal afrenta, su preocupación y confusión fue en aumento, pues cualquier decisión que tomara podía ser crucial. Por un lado, si devolvía el algodón con palabras injuriosas, intentando mantener así su dignidad, llevaría a su pueblo directamente a la guerra contra Tezozómoc. Ixtlixóchitl no contaba ni con ejércitos ni con armas suficientes para tal enfrentamiento; así que no le quedó más que someterse, pero sólo para ganar tiempo. Su nombramiento no se hizo efectivo. Sin embargo, con todo el secreto posible, mandó reclutar soldados, fabricar armas y concentrar en su capital todas las fuerzas que tenía repartidas a lo largo y ancho de su imperio. Desgraciadamente, sus aliados no eran muchos, pues la mayoría, por miedo o por diversos intereses, estaba sometida a Tezozómoc.

Capítulo VII

— El nacimiento y la infancia de Netzahualcóyotl —

DESPUÉS de ser nombrado rey, aunque su nombramiento no fuera oficial hasta años después, Ixtlixóchitl contrajo matrimonio con Matlalcihuatzin, señora de México-Tenochtitlán y hermana del rey Chimalpopoca. Con ella tuvo dos hijos: el primero de ellos se llamó Acolmiztli Netzahualcóyotl (el primer nombre quiere decir brazo o fuerza de león, y el segundo, coyote hambriento o ayunado). La segunda hija legítima de Ixtlixóchitl se llamó Atototzin. Además, como todos los reyes de la época, tuvo muchos otros hijos con sus concubinas; por ejemplo, con Tecpaxochitzin tuvo a Ayancuiltzin, que fue un gran guerrero.

A la muerte de su padre, por ser su primogénito legítimo, Netzahualcóyotl sería el heredero del trono de Texcoco. El futuro príncipe nació por la mañana, al salir el sol, con gran gusto de su padre, el 28 de abril de 1402, al que se llamaba Ce mázatl o uno Venado, del año Ce tochtli o Uno Conejo.

Con la alegría que suelen provocar este tipo de acontecimientos, Ixtlixóchitl y Matlalcihuatzin presentaron a la nobleza texcocana y de los señoríos amigos a su nuevo hijo, y les dijeron los nombres que le habían puesto. A cambio recibieron de ellos los buenos deseos por el futuro del niño y los regalos que se acostumbraban hacer en estos casos: la rodela y la macana, y el arco y las flechas que servían para recordar el inevitable futuro guerrero del pequeño príncipe. Otra costumbre que siguieron al pie de la letra fue que, en cuanto se le desprendió el cordón umbilical, lo llevaron a enterrar con muchas precauciones en territorio enemigo. El significado de esta tradición era que el recién nacido se comprometía a hacerles la guerra en cuanto tuviera edad. Para tranquilidad de sus padres, los astrólogos y adivinos de aquel tiempo auguraron al chiquillo un destino brillante y lleno de aventuras y batallas victoriosas, además de que sería un hombre lleno de bondad, de sabiduría y de justicia.

Nada más nacer, el rey señaló los puestos y lugares en los que se llevaría a cabo para su crianza, además le eligió los tutores convenientes para que se encargaran de la educación que le correspondía a todo buen príncipe heredero. Como su ayo principal nombró a Huitzilihuitzin, que era un gran filósofo de aquel tiempo. En un principio, como todos los niños, Netzahualcóyotl quedó bajo la protección de su madre y de la servidumbre de la casa real, pero en cuanto llegó a la edad de ir al calmécac, entre los seis y ocho años, fue trasladado allí y comenzó para él la severa educación destinada a la nobleza.

Cada templo tenía «su calmecac». Estas instituciones tenían a la vez la función de monasterios y de escuelas. Allí vivían los sacerdotes, que normalmente eran hombres muy austeros, dedicados a sus penitencias. Cuentan las crónicas que tenían un aspecto temible, pues iban siempre vestidos de negro y con el pelo suelto y despeinado. También vivían allí los jóvenes pertenecientes a la clase dirigente, cuya presencia estaba justificada por ser ése el colegio donde aprendían los ritos, la escritura y la historia de su país. Era donde vivían en comunidad los sacerdotes y los jóvenes ricos.

Recordemos que ya por aquellos años los problemas con Tezozómoc, señor de Azcapotzalco, estaban en pleno auge, pues éste creía tener derecho al señorío de Texcoco por ser nieto de Xólotl, pero aún existía cierta paz. Sin embargo, tanto por las presiones como por las falsas promesas del tirano, los aliados de Texcoco comenzaron a dejarse atraer por él, y los enfrentamientos armados fueron haciéndose cada vez mayores y más frecuentes.

El rey alcohua ya no se sentía seguro en ningún sitio, así que iba errante de un monte a otro, escoltado por un pequeño ejército y acompañado por los únicos señores que siempre le fueron fieles: el de Huejotla y el de Coatlichan.

En un último intento por conseguir algún otro aliado, envió a un sobrino suyo llamado Cihuacuecuenotzin a la ciudad de Otompan, para que pidiera víveres y ayuda, alentándoles a que abandonaran al tirano y le volvieran a ser fieles. Los tepanecas ya habían tomado por completo la ciudad; sin embargo, el mensajero decidió expresar lo que le había mandado su rey.

Los otompanenses no sólo se negaron a auxiliarle, sino que, allí mismo, en la plaza del pueblo, y con gritos de *¡muera el traidor!*, lo apedrearon hasta matarlo. Hecho esto, el señor de Otompan juró de nuevo fidelidad a Azcapotzalco, y se convirtió en uno de sus principales aliados.

Después del fallido intento de conseguir ayuda, y con el rey Tezozómoc en pie de guerra, pues ya había convocado a sus fieles señores de Otompan y de Chalco para terminar de una vez por todas con su enemigo, en el año 1414, que en náhuatl se conoce como *matlactiomey tochtli,* Ixtlixóchitl convocó a los señores y capitanes que todavía le eran fieles, para tratar de organizar la defensa de su reino y el ataque contra el rey de Azcapotzalco y todos sus aliados antes de que consiguieran conquistar su imperio. Todos los jefes estuvieron de acuerdo en que lo primero que debían hacer era jurar a Netzahualcóyotl como príncipe heredero del imperio. En la misma ceremonia, que sería realizada en Huexutla, se juraría a Ixtlixóchitl como señor de Acolhuacán, pues recordemos que esto no se había hecho de manera oficial, y si no se juraba su cargo el de Netzahualcóyotl no tendría validez.

El siguiente paso sería sitiar a las ciudades de Azcapotzalco y México por la parte de la laguna, y que el ejército que en esos momentos estaba castigando y sojuzgando a los pueblos del reino de Texcoco, ignorantes de la estrategia, continuaran entrando por las tierras de los tepanecas hasta llegar a Azcapotzalco, donde los vencerían.

Los texcocanos pusieron manos a la obra, y Netzahualcóyotl fue jurado a la edad de doce años; además se nombró a los capitanes que dirigirían la guerra. Fueron elegidos Tzoacnahuacatzin, que se encargó del combate hacia la laguna, y Cihuacuecuenotzin, que tenía que entrar por las tierras del enemigo; esta última misión era muy peligrosa porque los tepanecas estaban muy bien equipados y en mucho mejores condiciones que sus rivales.

Capítulo VIII

— La muerte de Ixtlixóchitl —

A pesar de haber planeado cuidadosamente la maniobra, Ixtlixóchitl se dio cuenta de que era imposible conseguir la victoria, así que decidió dejar a todos los miembros de su familia en el bosque de Chicuhnayocan y, acompañado tan sólo de dos capitanes llamados Totocahuan y Cozámatl, y de su hijo el pequeño príncipe Netzahualcóyotl, se dirigió hacia una barranca profunda llamada Quztláchac. A orillas de la barranca había un árbol caído muy grande, y decidió dormir bajo sus raíces. A la mañana siguiente, nada más salir el sol, llegó hasta allí un soldado llamado Tezcacoácatl, que formaba parte de su grupo de espías. Estaba muy agitado, y le dijo al rey que muy cerca de donde se encontraban venía una gran cantidad de gente armada marchando rápidamente. Ixtlitxóchitl se dio cuenta de que estaba perdido y, viéndose ya cercano a la muerte, sin fuerzas para luchar, ordenó a los pocos de sus soldados que le acompañaban que intentaran escapar con vida, pues a él no le quedaba más remedio que morir por su pueblo, como correspondía a un rey. Después llamó al príncipe y le dijo:

—Hijo mío muy amado, brazo de león, Netzahualcoyotzin, ¿adónde te tengo de llevar que haya algún deudo o pariente que te salga a recibir? Aquí ha de ser el último día de mis desdichas, y me es fuerza el partir de esta vida; lo que te encargo y ruego es que no desampares a tus súbditos y vasallos, ni eches en olvido que eres chichimeca, recobrando tu imperio que tan injustamente Tezozómoc te tiraniza, y vengues la muerte de tu afligido padre, y que has de ejercitar el arco y las flechas. Sólo resta que te escondas entre estas arboledas porque no con tu muerte inocente se acabe en ti el imperio tan antiguo de tus antepasados.

El príncipe se alejó de su padre y trepó a un árbol muy frondoso, escondiéndose entre sus ramas. Desde allí, completamente impotente, contempló la muerte de su padre. Ixtlixóchitl, en un desesperado intento por sobrevivir, salió al encuentro de los enemigos y peleó durante un buen rato, matando a algunos de ellos, hasta que cayó muerto. Los enemigos, que le odiaban, no pararon de clavarle sus lanzas, hasta que se dieron cuenta de que soldados rivales se acercaban; entonces lo dejaron allí muerto y se fueron con mucha prisa hacia Otompan.

Tezozómoc, seguro de su victoria, ya tenía preparados gruesos cuerpos de tropas, para que, en cuanto el rey cayera, invadieran las ciudades de Texcoco, Huejotla, Coatlichán, Coatepec e Iztapallocan, que habían sido las más fieles a su señor Ixtlixóchitl, y en represalia las quemaran sin preocuparse de sus habitantes. La gente de aquellos pueblos que sobrevivió a la masacre huyó hacia los montes y se refugió entre los huexotzinques y los tlaxcaltecas, que todavía eran sus aliados.

En los últimos días del año de 1418, en cuanto la muerte de Ixtlixóchitl fue oficial, el tirano se hizo proclamar rey de Acolhuacan en la ciudad de Texcoco. Tan cruel era, que lo primero que mandó hacer en contra de los leales vasallos del rey muerto fue que, a la manera de Herodes, a los niños de hasta siete años que supieran hablar se les preguntara a quién reconocían por señor natural, y que a los que respondieran que a Ixtlixóchitl o a Netzahualcóyotl los mataran, mientras que a los que dijeran que a él los premiaran junto con sus padres. Utilizó esta táctica para que sus rivales fueran aborrecidos por su propio pueblo, a pesar de su legitimidad. Perecieron infinidad de niños, ya que los pobres siempre habían oído decir a sus padres y mayores ser vasallos de Ixtlixóchitl y Netzahualcóyotl.

Su segundo mandato fue reunir a toda la gente noble y plebeya de todas las ciudades, pueblos y lugares que pertenecían al imperio

Alcohua en un llano que está entre la ciudad de Texcoco y el pueblo de Tepetláoztoc. Hecho esto, se subió a lo alto de un monte, cuyo templo estaba en medio de la montaña referida, e hizo que uno de sus capitanes dijera bien alto en sus dos lenguas, la chichimeca y la tolteca, que desde aquel día en adelante reconocieran «por su emperador y supremo señor a Tezozómoc, rey de los tepanecas, y a él acudiesen con todas las rentas y tributos pertenecientes al imperio, y no a otra provincia, so pena de la vida, y si hallasen al príncipe Netzahualcóyotl lo prendiesen y lo llevasen vivo o muerto a la presencia de Tezozómoc, su señor, que él premiará a los que tal servicio le hiciesen». El príncipe estaba escuchando escondido en un cerro cercano que se llama Cuauhyácac, y gracias a eso escapó sabiendo que era perseguido, y decidió vivir modestamente y sobre todo pasar desapercibido; así que abandonó su patria.

Capítulo IX

— El exilio —

Así recorrió muchas ciudades con el fin de conseguir aliados y amigos, y aunque sus súbditos le querían y respetaban, y la mayoría deseaba verlo en el trono, no se atrevían a favorecerle abiertamente por miedo al tirano. Le abandonaron muchos de sus deudos, entre ellos su tío Chimalpan y Tecpanecatl, hermano de una de sus mujeres, de la estirpe de México.

Al año siguiente, 1419, se dirigió a la provincia de Chalco porque estaba más cerca de su patria, y desde allí le sería más fácil adivinar los proyectos del rey de los tepanecas y de sus aliados. Entró en la ciudad sin decir quién era, se identificó como soldado y se unió al ejército de los chalcas en una campaña, pues éstos tenían guerras contra otros pueblos de la comarca para conseguir agrandar su territorio. Durante estos días, que no fueron más que unos pocos, estuvo seguro, pues iba siempre disfrazado y así pasaba inadvertido entre sus enemigos.

En Chalco se alojaba en la casa de una señora llamada Zilamiauh, pero empezó a tener problemas con ella porque tenía un negocio de venta de pulque, muy próspero, con que se embriagaba mucha gente. Esta práctica era ilegal, y a ojos de Netzahualcóyotl, indecente e inmoral, sobre todo teniendo en cuenta que la señora pertenecía a una clase social alta; así que se tomó la justicia por su mano y la asesinó. Ante tal escándalo, los chalcas le reconocieron e inmediatamente le hicieron prisionero y lo llevaron ante su supremo señor,

Toteotzintecuhtli, el cual lo mandó poner en una jaula dentro de una cárcel segura, y en la puerta colocó a su hermano Quetzalmacatzin como guardián; a continuación ordenó que durante ocho días no se le diera de comer ni de beber.

Este castigo serviría para que el rey chalca mostrara su fidelidad al tirano Tezozómoc, y de paso para vengar la muerte de aquella señora. Quetzalmacatzin, compadecido por el trato injusto de que era objeto el texcocano, aunque fingió cumplir lo que se le mandaba, pues le iba la vida en ello, a escondidas le daba de comer y de beber, con lo que le sustentó esos ocho días. Al acabar el plazo, Toteotzintecuhtli preguntó si el preso ya había fallecido, y al enterarse de que no se enojó tanto que mandó que al día siguiente, que se celebraba la feria general de la provincia, lo hiciesen pedazos. Aquella noche, Quetzalmacatzin, compadecido de Netzahualcóyotl, fue a visitarle y le contó lo que había pasado y cuál era su sentencia. El guardián no estaba de acuerdo con el mandato de su hermano, pues consideraba a Netzahualcóyotl como sucesor legítimo del imperio, así que le ofreció al príncipe su fidelidad y su vida. A cambio solamente le pidió que en premio de este servicio, si lograba sobrevivir, y si los dioses lo favorecían y recobraba su imperio, se acordara de su mujer y de sus hijos y los protegiera. Agradecido el príncipe del sacrificio tan grande que este caballero hacía en su favor, le dio las gracias y le prometió no olvidarse nunca de él y le prometió que ayudaría siempre a su familia. Y así salió, con tan buena fortuna que los guardias no lo reconocieron. Caminó toda la noche sin parar por la vía de Tlaxcala, como le había recomendado Quetzalmacatzin, que se quedó en su lugar dentro de la jaula. Cuando Toteotzintecuhtli se enteró de lo que había sucedido, mandó ejecutar la sentencia que tenía dictada contra Netzahualcóyotl sobre su hermano Quetzamalcatzin por considerarle un traidor.

Capítulo X

— Repartición del reino de Texcoco —

E L año 1420, en náhuatl *chicuacen técpatl*, Tezozómoc ordenó repartir el reino de Texcoco de la siguiente manera: Cuatlichan, con todos los pueblos y lugares que le pertenecían, que formaban parte del reino de los alcohuas e iban desde los términos de la provincia de Chalco hasta los de Tolantzinco, y en donde se incluían las provincias de Otompan, Tepeponco y Cempoala, los tomó como parte de su imperio. Huexotla y Coatlichán fueron otorgados a Tlacateotzin, señor de Tlatelolco; y al rey de México, Chimalpopoca, le cedió la ciudad de Texcoco, con los demás pueblos pertenecientes a este reino.

Este mismo año, el tirano nombró a su nieto Teyolcocoatzin, señor de Acolman, y a Quetzalmaquiztli, señor de Coaltlichán, reyes de las provincias centrales; y a Ateyolcocoatzin, señor de Acolman, le otorgó las septentrionales; así repartió entre los fieles a su gobierno todo el imperio de Texcoco. También entregó pequeños pueblos a otros caballeros y señores menos importantes que le habían hecho algún favor. Como su sed de conquista no se había saciado, decidió hacer algunas guerras e invasiones al mando de su ejército en contra de los gobernantes de las provincias remotas. Como era uno de los reyes más poderosos de la época, si no el que más, la mayoría de los señores a los que atacó fueron vencidos sin mucha resistencia.

Mientras todo esto ocurría, Netzahualcóyotl había estado refugiado en la provincia de Tlaxcala con sus tíos, los señores de allí, que aconsejaron al príncipe que ya era el momento de intentar recuperar su imperio y señorío. Por otro lado, las señoras mexicanas, que eran sus tías, hermanas de su madre, y estaban sentimentalmente muy ligadas a él, le pidieron al tirano la vida de su sobrino como un favor especial. Estas señoras eran también las hermanas del emperador azteca, su aliado más poderoso; por tanto no le convenía hacerlas enfadar, así que les concedió lo que le pedían, pero con la condición de que no saliera de la ciudad de México. Ellas no quedaron satisfechas, y después de mucho insistir consiguieron que Tezozómoc permitiera al joven príncipe establecerse en su ciudad, la de Texcoco, en donde se le devolvieron los palacios y todas las pertenencias de sus padres y abuelos. Ya en su tierra, y rodeado de los suyos, aunque con sumo cuidado, tuvo más libertad para poder idear la manera de recuperar su imperio.

En 1426, en náhuatl matlactiomome tochtli, Tezozómoc tuvo una pesadilla: soñó que el príncipe Netzahualcóyotl se transformaba en un águila real, que le desgarraba el pecho y le comía a pedazos el corazón; acto seguido se transformaba en tigre, y con uñas y dientes le lamía el cuerpo, le chupaba la sangre y le desgarraba los pies, luego se metía en el agua, dentro de las montañas y sierras, y se convertía en su corazón. El emperador despertó muy asustado y sobre todo preocupado. Inmediatamente hizo llamar a sus adivinos para que le interpretaran este sueño. Después de deliberar, le dijeron que el significado de que el águila real lo despedazara y se comiera su corazón, era que el príncipe Netzahualcóyotl iba a destruir su casa y linaje. Respecto a lo del tigre, que éste iba a destruir y asolar la ciudad de Azcapotzalco con todo su reino, y que iba a recuperar el imperio que le había arrebatado. Ordenó a sus tres hijos, Maxtla, Teyatzin y Tlatoca Tlitzpaltzin, que se presentaran ante él. Entre otras cosas, les dijo que si ellos querían ser señores del imperio tenían que matar a Netzahualcóyotl cuando viniera a la ciudad de Azcapotzalco a presentar sus respetos en las honras de su muerte, lo cual no tardaría mucho, pues él sentía que estaba al final de sus días. También aprovechó para informarles del nombramiento de Tayatzin, su hijo, como sucesor del imperio.

El tirano ya estaba tan maltrecho, que no se podía ni sentar ni calentar, por eso lo tenían entre algodones metido en una canasta, que tenía forma como de cuna. Y desde ese extraño lecho siguió dando órdenes hasta su último momento, sin cansarse de encargarles a sus hijos que mataran a su feroz enemigo.

Capítulo XI

— La muerte de Tezozómoc —

EFECTIVAMENTE, al año siguiente falleció el viejo tirano en la ciudad de Azcapotzalco. A sus honras y exequias asistió Netzahualcóyotl, acompañado de su sobrino Tzontechochatzin, y dio el pésame de la muerte de Tezozómoc a sus tres hijos, a los señores mexicanos y demás caballeros de alto linaje que allí se encontraban, y se sentó entre ellos para asistir a las exequias fúnebres. Tayatzin, que tenía muy presente la última voluntad de su padre, queriendo aprovechar la presencia de Netzahualcóyotl, se acercó a su hermano Maxtla para recordarle su promesa; éste le respondió:

—Aparta de tus pensamientos ese designio. ¿Qué dirían los hombres de nosotros si nos viesen maquinar la muerte de otro, cuando sólo debemos llorar la de nuestro padre? Dirían que no es grave el dolor que deja lugar a la ambición y a la venganza. El tiempo nos ofrecerá la oportunidad de poner en ejecución los mandatos de nuestro padre sin atraernos el odio de nuestros súbditos. Netzahualcóyotl no es invisible. Si no se esconde en el fuego, en el agua o en las entrañas de la tierra, infaliblemente caerá en nuestras manos.

Motecuhzoma, primo de Netzahualcóyotl, le contó al príncipe lo que los hijos de Tezozómoc tramaban contra él; por lo cual, en cuanto el cuerpo de Tezozómoc fue incinerado, y sus cenizas colocadas en el templo mayor de la ciudad de Azcapotzalco, según la tradición de los mexicas, Netzahualcóyotl regresó a la ciudad de Texcoco, donde estaría seguro.

Maxtla era el señor de Coyoacán. Siempre fue muy belicoso y soberbio, y nunca pudo aceptar que su padre no lo eligiera para sucederle, por lo que decidió conseguir el reinado costara lo que costara. Así, cuatro días después de los funerales, pasando por encima de su hermano, se empezó a comportar como gobernante y, como la gente conocía el peligro que representaba, todos le obedecían. Después de cinco meses de estos sucesos, estaba Tayatzin una noche platicando con el rey Chimalpopoca; este último le aconsejaba:

—Maravillado estoy, señor, de que estéis arrojado de la dignidad y señorío en que te dejó nombrado el emperador Tezozómoc, tu padre, y que tu hermano Maxtla se haya apoderado de él, no perteneciéndole, pues él no es más que señor de Coyoacán.

—Señor, cosa dificultosa es recuperar los señoríos perdidos, poseyéndolos tiranos poderosos.

—Toma mi consejo, pues es muy fácil: edifica unos palacios, y en el estreno de ellos le convidarás, y allí le matarás con cierto artificio que yo te daré y el orden que para ello has de tener.

Tayatzin, que vivía rodeado de traidores pagados o atemorizados por su hermano, había ido acompañado de un enano paje suyo, llamado Tetontli, que había estado escondido detrás de un pilar de la sala escuchando la conversación. Ya en Azcapotzalco, el enano pidió ver a Maxtla y le contó lo que había oído. Éste se indignó mucho con su hermano y, adoptando los consejos de Chimalpopoca para su provecho, mandó llamar a los obreros de palacio y les ordenó que en una determinada parte de la ciudad edificaran unas casas para que en ellas viviera su hermano Tayatzin, que aunque le había dado el señorío de Coyoacán, lo quería tener siempre en su corte.

Al terminar la construcción de las casas envió a un mensajero a llamar a su hermano, y fingió invitarle a los festejos que se organizaban con motivo de su inauguración. El plan era claro: ordenó que le quitaran la vida en cuanto pudieran, y así evitaría que lo mataran a él, y sobre todo conseguiría apoderarse de una vez por todas del trono.

Y aunque había sido Maxtla el que le había llamado, nunca apareció por allí, poniendo de pretexto que estaba ocupado en un sacrificio muy importante que tenía que hacer a sus dioses y que no podía dejar para otro momento. Así, en lo más animado del jolgorio, y seguramente habiendo ya bebido suficiente pulque, entró de improviso un grupo de gente armada y acometió contra Tayatzin, causándole la muerte.

Capítulo XII

— La prisión de Chimalpopoca —

A L enterarse el rey Chimalpopoca del asesinato de Tayatzin, el temor se apoderó de él, pues se dio cuenta de que sin duda alguien le había contado a Maxtla lo que él y Tayatzin habían planeado en su contra, pues era mucha casualidad que hubiera llevado a cabo la trampa preparada para él al pie de la letra, aunque con diferente víctima. Así que parecía evidente que sus intenciones, al haberlo invitado junto con Tlacateotzin a las fiestas del estreno de las casas, era matarlos a los tres, y decidieron no ir.

El rey Chimalpopoca estaba desconsolado, pues se daba cuenta de que después de los planes fallidos de traicionar al tirano iba a ser muy difícil salvar su vida, así que decidió buscar la manera de por lo menos morir dignamente. Tecuhtlehuacatzin, uno de los principales caballeros de su corte, le aconsejó que se armaran los dos como si se dispusieran para ir a la guerra, y que se pusieran las insignias que significaban que se ofrecían al sacrificio de los dioses. Después, así vestidos, fueran al patio del templo mayor, y allí expresaran su deseo de sacrificarse y el porqué de ese deseo, con lo cual medirían la fidelidad de sus vasallos, porque sabiendo la causa de su sacrificio, si los querían bien no se los permitirían, sino que se levantarían en armas para defenderlos; pero si notaran dudas en ellos, entonces llevarían a cabo el sacrifico, pues era mucho más digno morir por sus deidades que caer en manos del tirano.

Motecuhzoma, que ya era capitán general del reino, e hijo del rey, intentando evitar los planes que su padre y Tecuhtlehuacatzin tenían ya trazados, habló con ellos para disuadirles; todo era inútil, así que decidió avisar por la posta a Maxtla para que como emperador los detuviera. Éste envió a ciertos caballeros acompañados por gran cantidad de gente para que prendieran al rey Chimalpopoca, y que lo pusieran en una jaula dentro de su propia ciudad con muchos guardas, y que no dejaran de alimentarle lo justo para que sobreviviera. Respecto a Tecuhtlehuacatzin, dispuso que fuera sacrificado él solo.

Netzahualcóyotl fue avisado por su hermano Yancuiltzin de lo antes referido, y de cómo su tío el rey Chimalpopoca estaba prisionero y muy afligido, y que le daban muy poco de comer. El príncipe, entre triste e indignado decidió ir a ver al tirano, y pedirle por favor que soltara a su tío y le perdonara si en algo le había ofendido. En cuanto lo tuvo delante le habló:

—Sé que habéis aprisionado al rey de México, y no sé si habéis mandado darle muerte o si vive aún en su prisión. He oído también que queréis quitarme la vida. Si así es, aquí estoy: matadme con vuestras manos, a fin de que se desahogue vuestra cólera con un príncipe no menos inocente que desgraciado.

Maxtla le dijo a su favorito, que estaba allí presente:

—¿No es admirable que un joven que apenas ha empezado a gozar de la vida busque tan intrépidamente la muerte?

Después se dirigió a Netzahualcóyotl:

—Príncipe, no te entristezcas, que no es muerto el rey Chimalpopoca. Anda y ve a verlo y visitarlo, que yo lo prendí por los alborotos que andaba haciendo, mal ejemplo que dio a la gente popular y mala nota a los mexicanos; y tú, Chacha, ve con él para que los de la guardia se lo dejen ver.

Netzahualcóyotl, un poco más tranquilo, se fue con el sirviente a la ciudad de México-Tenochtitlán a ver a su tío, y Maxtla, en cuanto su enemigo salió de su casa, envió a otro camarero suyo llamado Huecan Mécatl a que fuera a ver a Tlailótlac Tecuhtzintli, un caballero de su consejo y parlamento, para que le contara todo lo que había pasado con Netzahualcóyotl y que le aconsejara a quién debía matar primero: a Chimalpopoca y a Tlacateotzin o a Netzahualcóyotl, pues los primeros le habían agraviado directamente a él, mientras que le debía a su padre Tezozómoc la muerte del segundo, que había dejado ese encargo antes de morir y todavía no se había podido cumplir por negligencia suya. El consejero le respondió que no se preocupara, y que eligiera por sí mismo el orden de las ejecuciones como juzgara conveniente a favor de su reino y de sí mismo, y que si acaso decidía terminar primero con Chimalpopoca y Tlacateotzin, Netzahualcóyotl no se escaparía de sus manos, pues no se podía meter dentro de los árboles y las peñas.

Mientras tanto, Netzahualcóyotl ya había llegado a Tenochtitlán y, con ayuda del mayordomo de Maxtla, consiguió entrar a visitar a su tío. En cuanto lo vio le dijo:

—Poderoso señor, trabajos son éstos y esclavitud que padecen los príncipes y señores en el discurso de sus reinados: pague y satisfaga los lances que promete el reinar y mandar entre tiranos de una cosa se puede consolar, que es dentro de la corte y cabecera del reino que sus padres y abuelos Acamapichtli y Huitzilihuítl le dejaron, y es de tener muy gran lástima de la calamidad de sus súbditos y vasallos, pues están con tanta aflicción los mexicanos y tenochcas, hasta ver en qué ha de venir a parar esta prisión y calamidad de vuestra alteza, y qué es lo que pretende hacer el tirano Maxtla, que ya yo fui a verle.

Chimalpopoca le respondió:

—Príncipe mío, qué osadía y atrevimiento es el vuestro en haber venido hasta aquí con tanto riesgo de vuestra persona a verme, que bien lo podíades haber excusado, pues no ha de ser de ningún efecto para poder atajar el rigor que contra mí quiere ejecutar Maxtla. Lo que os pido y encargo es que os juntéis con vuestro tío Itzcohuatzin y con vuestro primo Motecuhzoma, y os aconsejéis lo que mejor os conviniere, porque tú serás el bastimento y la munición de los mexicanos alcohuas, no por vuestra negligencia los desamparéis; y advertido que por donde quiera que estuviéredes, vuestra silla y asiento esté transminado, no en algún tiempo pronuncie sentencia de muerte el tirano Maxtla. Andad siempre aviso y con cuidado.

Terminada la conversación, el rey se quitó las joyas de oro y piedras preciosas con que tenía adornadas la cabeza, la cara y el cuello, y se las entregó a su sobrino; y a Tzontecochatzin le regaló unas orejeras y unos bezotes de cornelias y se despidió de ellos. Ya se había ido cuando llegó la orden de Maxtla de que dejaran libre al rey Chimalpopoca, lo cual se cumplió en seguida, y se despidió a los guardias.

Netzahualcóyotl regresó a la ciudad de Azcapotzalco con la intención de volver a visitar al tirano para agradecerle el haber liberado a su tío. Llegó al amanecer y se dirigió al palacio, en cuyo patio principal encontró a mucha gente armada, y también vio recargadas en las paredes una gran cantidad de lanzas y rodelas. Resulta que el rey Maxtla acababa de mandar a parte de su ejército a que fueran a la ciudad de Texcoco y lo mataran, pero el príncipe ignoraba que toda esa parafernalia se había hecho por él. Uno de aquellos capitanes lo reconoció, así que se adelantó a recibirlo y le dijo:

—Seáis muy bien venido señor, que en este punto el rey nos despacha para vuestra ciudad y corte a buscar a Páncol, que anda herido.

Y luego lo envió a una sala para que allí aguardara lo que Maxtla determinaba hacer con él.

Netzahualcóyotl, en cuanto vio al rey, le ofreció unos ramilletes de flores; éste, furioso, no los admitió. El príncipe los puso delante de él e intentó hablarle, pero no le respondió. Visto esto, Netzahualcóyotl salió de la habitación bastante confuso. Fuera se encontró con Chacha el camarero, que le contó en secreto que su señor había mandado matarlo, y que toda esa gente armada que había visto en el patio se estaba preparando para salir en su busca, así que lo mejor que podía hacer era intentar salir a escondidas y escapar si quería salvar su vida.

Salió por un postigo que daba a unos jardines que el rey tenía dentro de su palacio, y se dirigió a una sala grande que tenía el techo hecho de paja. Y a Xiconocatzin, que le había acompañado desde Texcoco, le mandó que se pusiera en la puerta y vigilara por si aparecía algún tepaneca mientras él se escapaba, y que si alguien venía a buscarle dijera que había salido, pero que no tardaría en volver. Y que si lograba escapar lo esperaría cerca de Tlatelolco. Y aprovechando la fragilidad del techo de la sala, hizo un agujero lo más discreto que pudo y se salió por allí, luego se dirigió hacia donde había quedado con su compañero. Todavía no había salido de la ciudad, cuando aparecieron algunos capitanes que se fueron directamente hacia Xiconocatzin y le dijeron que llamara a su señor porque el rey lo estaba buscando. Éste, en cuanto lo dejaron solo huyó del palacio a toda prisa, convirtiéndose también en un fugitivo, pero consiguió escapar y alcanzar a Netzahualcóyotl. En ese momento, ya estaban todos los guerreros y la guardia del rey buscándolos por toda la ciudad; y aunque algunos de los que los habían seguido les habían dado alcance, se les fueron de entre las manos, y mientras huían los amenazaron diciéndoles que tarde o temprano a sangre y fuego los destruirían.

Capítulo XIII

— La huidas de Netzahualcóyotl —

CANTO DE LA HUIDA
(De Netzahualcóyotl cuando andaba huyendo de Maxtla)

En vano he nacido,
en vano he venido a salir
de la casa del dios de la tierra,
¡yo soy menesteroso!
Ojalá en verdad no hubiera salido,
que de verdad no hubiera venido a la tierra.

No lo digo, pero...
¿qué es lo que haré?
¡Oh príncipes que aquí habéis venido!,
¿vivo frente al rostro de la gente?
¿Qué podrá ser?
¡Reflexiona!

¿Habré de erguirme sobre la tierra?
¿Cuál es mi destino?
Yo soy menesteroso,
mi corazón padece,
tú eres apenas mi amigo
en la tierra, aquí.

¿Cómo hay que vivir al lado de la gente?
¿Obra desconsideradamente,
vive el que sostiene y eleva a los hombres?

¡Vive en paz,
pasa la vida en calma!
Me he doblegado,
sólo vivo con la cabeza inclinada
al lado de la gente.
Por esto me aflijo,
¡soy desdichado!
He quedado abandonado
al lado de la gente en la tierra.

¿Cómo lo determina tu corazón,
Dador de la Vida?
¡Salga ya tu disgusto!
Extiende tu compasión,
estoy a tu lado, tú eres dios.
¿Acaso quieres darme la muerte?

¿Es verdad que nos alegramos,
que vivimos sobre la tierra?
No es cierto que vivimos
y hemos venido a alegrarnos en la tierra.
Todos así somos menesterosos.
La amargura predice el destino
aquí, al lado de la gente.

Que no se angustie mi corazón,
no reflexiones ya más.
Verdaderamente apenas
de mí mismo tengo compasión en la tierra.

Ha venido a crecer la amargura,
junto a ti y a tu lado, Dador de la Vida.

Solamente yo busco,
recuerdo a nuestros amigos.
¿Acaso vendrán una vez más,
acaso volverán a vivir?
Sólo una vez perecemos,
sólo una vez aquí en la tierra.
¡Que no sufran sus corazones!,
junto y al lado del Dador de la Vida.

Cuando Maxtla se enteró de que Netzahualcóyotl se le había escapado y los soldados no lo habían podido matar, les hizo ejecutar a todos, sin excepción, y luego despachó a sus mercenarios a México con la orden expresa de matar a Chimalpopoca y a Tlacateotzin.

En Tenochtitlán encontraron al rey en una sala del templo, en donde estaban labrando unos escultores a un ídolo llamado Techuxílotl. Los tepanecas separaron al rey de aquellos artesanos y lo llevaron a otra sala del templo, que se llamaba Huitzcali, y le dijeron que querían tratar con él de algunas cosas graves. En cuanto estuvieron a solas lo mataron dándole en la cabeza con una porra, y al salir de la casa dijeron a los oficiales que se habían quedado fuera que entrasen a ver a su señor, porque se había quedado dormido, y ellos salieron huyendo hacia Tlatelolco. Los mexicanos, viendo a su rey muerto, siguieron a los asesinos, y cuando los alcanzaron tuvieron una pequeña refriega con ellos. Con la confusión, Tlacateotzin se pudo escapar en una gran canoa que cargó de preseas de oro y pedrería, y tomando la vía de Texcoco se fue huyendo por la laguna con tan mala suerte que sus perseguidores lo alcanzaron y lo apalearon. Después de muertos, sus vasallos recuperaron sus cuerpos, y les hicieron las exequias y honras que ellos acostumbraban. Ahora sólo les quedaba la venganza, y la decisión de romper su unión con el tirano, que perdía en ese momento a su aliado más poderoso. Pero ése no era el momento de enfrentarse, y prefirieron esperar. Los aztecas nombraron a Izcóatl, hermano menor de Chimalpopoca, como nuevo rey, y los tlatelolcas eligieron por señor a Quautlatoatzin.

Muertos los señores mexicanos, a Maxtla sólo le quedaba deshacerse del príncipe texcocano para poder gozar del imperio sin más problemas. Aprovechando la ambición que su sobrino Yancuiltzin, el hermano bastardo de Netzahualcóyotl, sentía y sus deseos de apropiarse del reino alcohua, le ordenó que lo invitara a una fiesta, y teniéndolo seguro en su casa lo matara. Huitzilihuitzin, un caballero de la ciudad de Texcoco, famoso astrólogo, que recordemos que era el tutor principal y más querido del príncipe, se enteró de esta traición, ya que según las estrellas su señor corría un grave peligro si asistía a aquel convite. Para librarlo de la muerte dio órdenes de que llevaran a su presencia a un muchacho, labrador, natural de Coatepec, que se parecía mucho a Netzahualcóyotl y era de su misma edad. Lo tuvo algunos días en su casa, en secreto, enseñándole todas las costumbres, protocolo y comportamientos que tenían los príncipes, para que pudiera suplantar a Netzahualcóyotl sin despertar sospechas. Para tener tiempo de educar al chico, el verdadero príncipe había retrasado el banquete que su hermano le ofrecía. Llegado el día, el mancebo, ataviado con vestimentas reales se sentó en el trono real, y en su compañía los criados, ayos y privados de Netzahualcóyotl; lo recogió Yancuiltzin y, después de haberle hecho todas las reverencias que se acostumbraban, lo condujo a la fiesta que había organizado. Su camino estaba iluminado por unas antorchas de tea. En cuanto entraron en la casa empezó la danza, y después de dar tres vueltas bailando, llegó un capitán que por la espalda le dio un golpe contundente al muchacho en la cabeza con una porra, que no lo mató, pero que le hizo caer aturdido; luego le cortaron la cabeza y muy satisfechos se la llevaron por la posta al rey Maxtla, pues estaban seguros de que por fin habían conseguido deshacerse del inmortal Netzahualcóyotl. El príncipe, en cuanto se enteró de su supuesta muerte, se embarcó hacia la ciudad de México para felicitar a su tío Izcóatl por su nuevo cargo. Llegó al palacio al amanecer y fue inmediatamente recibido por el rey, y mientras platicaba con él llegaron unos mensajeros del rey Maxtla que traían la cabeza del mancebo. Los mensajeros, cuando lo vieron allí vivo con su tío se quedaron muy asustados, y el príncipe les dijo que no se cansaran en intentar matarlo, porque el alto y poderoso dios le había hecho inmortal.

Maxtla mandó un razonable ejército a la ciudad de Texcoco, en donde sabía que Netzahualcóyotl estaba ya de vuelta. Dio órdenes a cuatro de sus capitanes que estaban acaudillando al ejército, que con toda brevedad entraran en la ciudad y repartieran en toda ella los soldados que llevaban, para que, ya controladas todas las calles, entradas y salidas de la ciudad, entraran en donde estuviera el príncipe y lo mataran. Éste fue avisado por Totomihua, señor de Coatepec, y llamó al consejo para que le ayudaran a decidir qué era lo más conveniente hacer. En sus palacios llamados Cillan se reunieron Quauhutlehuanitzin, su hermano mayor, hijo natural de su padre, Tzontechochatzin y otros caballeros, y les informó que al día siguiente vendrían sus enemigos a matarlo y estaba determinado a recibirlos. Dijo:

—Mañana sé muy bien que haya juego de pelota con que nos entretendremos entre tanto que llegan los tepanecas, nuestros enemigos, y Coyohua saldrá a recibirlos y los aposentará en mi casa, donde sus personas serán servidas y regaladas.

Envió a un criado suyo llamado Tehuiztli a que fuera a ver a su maestro Huitzilihuitzin y que le avisara que había determinado recibir a sus enemigos, y que ya era tiempo de recobrar el reino de los alcohuas e imperio de los chichimecas que le pertenecía, porque le habían llegado noticias de que al día siguiente iban a venir a matarle. Éste le respondió:

—Tehuiztli, ve a decirle al príncipe mi hijo, Acolmiztli Netzahualcóyotl, que tenga ánimo y valor, y comience a hacer lo que debe, que ya le tengo aconsejado cómo y cuándo, y las partes de dónde le ha de venir el socorro, como son de las provincias de Huexotzinco y Tlaxcala, Zacatlán y Tototépec; que ya los conoce que son hombres valerosos, y los más son chichimecas y otros otomíes, y éstos no lo desampararán, antes darán sus vidas por él.

Siguiendo los consejos de su maestro, Netzahualcóyotl mandó a un criado suyo llamado Coztotolomi Tocultécatl a la ciudad de Huexotzinco para que avisara a Xaya Camechan, señor

que de esas tierras, del peligro y riesgo que corría, y que había
llegado ya el momento de que lo ayudara a vengar la muerte del
rey Ixtlixóchitl, su padre y señor, a recobrar el imperio y castigar a los rebeldes.

Al día siguiente se fueron todos al juego de pelota, que estaba
cerca de la puerta del palacio, para esperar allí a sus enemigos, los
cuales estaban haciendo todo lo que el rey Maxtla les había mandado. Los cuatro caudillos se dirigieron al palacio acompañados
de parte de la gente que había venido con ellos. Cerca de allí se
encontraron con Coyohua, el enviado de Netzahualcóyotl, que estaba encargado de recibirlos, y después de darles la bienvenida, los
capitanes le preguntaron que dónde podían encontrar a su príncipe. El mensajero les dijo que entraran a descansar un rato y que
más tarde saldría a entrevistarse con ellos. Hecho esto, apareció
Netzahualcóyotl, que, dándoles ramilletes de flores y pebetes de
liquidámbar, les dijo que fueran bien venidos y que descansaran
un poco. Ellos le respondieron que habían venido a jugar a la pelota con él. Y él les invitó a que comieran algo primero, que había
tiempo para todo. Luego mandó poner las mesas y todos comieron muy espléndidamente. Se sentó en su trono, de manera que
los enemigos no pudieran perderlo de vista, y mientras comían,
cuando le pareció que estaban distraídos y confiados, Coyohua le
hizo la señal para que saliera. Lo hizo por un agujero que estaba
detrás de su silla, y que daba a otro que estaba hecho por un caño
de agua, que entraba dentro del palacio, con lo cual se pudo librar, gracias a que siempre tuvo presentes los consejos de su di-
funto tío Chimalpopoca.

En cuanto terminaron de comer los cuatro caudillos, se dirigieron a la sala en donde creían que estaría Netzahualcóyotl, y
cuando se dieron cuenta de que había desaparecido atraparon a
Coyohua e intentaron matarlo. Les dijo que de muy poco les iba
a servir matarlo, pues no era más que un pobre viejo, y que más
les valdría intentar escapar, porque tenía entendido que había órdenes de no dejarles salir del palacio con vida. Al escuchar estas
razones, que el viejo se había inventado para salvar su vida, les dio
un ataque de pánico y salieron huyendo del palacio a toda prisa;

y mientras huían llamaban a sus soldados para que los ayudaran a defenderse. Parte de ellos estuvieron toda la noche en vela, mientras que otros, sin poder aceptar su fracaso, siguieron en busca del fugitivo.

A Huitzilihuitzin lo llevaron preso ante Yancuiltzin, que por orden de su tío Maxtla se había hecho señor de la ciudad de Texcoco. Le torturaron con cordeles para que el viejo confesara dónde estaba escondido su discípulo, y al darse cuenta de que no le sacarían ni una palabra, el rey usurpador mandó sacrificarle en un templo del dios Comaxtla. El sacrificio estaba preparado, y Huitzilihuitzin ya estaba colocado encima del ara para sufrir su castigo, cuando se levantó una gran borrasca y el viento empezó a arrancar algunos árboles y a hacer volar los techos de las casas. Era tan fuerte, que levantó al viejo por los aires y cayó lejos de allí, de manera que sus dos hijos, que estaban observando desde lejos la injusticia que su padre sufría, se lo llevaron para esconderlo en un lugar seguro, y allí lo curaron.

Después de haberse librado de sus perseguidores, el príncipe se dirigió a una casa que sus abuelos habían construido para su recreo. Allí encontró a seis señores que, despojados de sus pueblos, iban de una ciudad a otra del reino de Alcohuacán. Esa noche se reunieron y celebraron un consejo secreto para ver con quiénes podían contar para derrotar al tirano Maxtla.

Al día siguiente, Toteotzintecuhtli, marido de la hermana de Huitzilihuitzin, a petición de Netzahualcóyotl, mandó a Tecuhxólotl como mensajero, para que llamara a todos los señores y gente ilustre de los pueblos aliados, a fin de que al día siguiente fueran a su corte y escucharan la llamada de socorro que el príncipe les pedía.

Antes del amanecer mandó poner, en un teatro que había en la plaza, a Tecuhxólotl atado muy fuertemente de pies y manos en un palo, de modo que parecía una cruel e injusta tortura. Cuando todos los señores y caballeros estaban juntos y la plaza llena de gente, Toteotzintecuhtli mandó descubrir al mensajero y ordenó a un pregonero que dijera lo que el príncipe les pedía para que los señores expresaran su voluntad. También les dijo que si aceptaban socorrerlo, mandaría poner en libertad a Tecuhxólotl, pero si la respuesta era negativa mandaría matarlo. Terminado el pregón, lo señores sintieron mucha lástima, y a gritos pedían que soltara al preso, que ellos ayudarían Netzahualcóyotl, pues, a pesar de sus métodos, les parecía justa su demanda.

Capítulo XIV

— La conquista de Texcoco y sus alrededores —

E L viejo Huitzilihuitzin decidió ir a buscar a Netzahualcóyotl, y lo encontró cerca de Zoltépec; los dos se abrazaron y se consolaron, y el viejo maestro le invitó a pasar aquella noche en su casa, él aceptó, y fue visitado por todos los caballeros y señores que ahora eran sus aliados. Muy emocionado, vio desde allí, por las sierras más altas, el fuego y las señales de humo, que significaban que los señores que estaban dispuestos a ayudarle y sus gentes estaban muy cerca, porque el día siguiente debía de darse la batalla.

Los primeros sitios que había que conquistar eran Acolman y Coatlichán, pues allí estaba concentrado todo el poder de los contrarios. La zona de Acolman les correspondió a los tlaxcaltecas y huexotzincas, y los chalcas se ocuparon del combate en Coatlichán. El resto de las provincias ocupadas y de los ejércitos que socorrían a Netzahualcóyotl, así como a los naturales del reino de Texcoco, los tomó bajo su mando: lo uno para socorrer a una de las dos partes referidas donde le necesitaran, y lo otro para entrar en la ciudad de Texcoco, saquear las casas de sus enemigos y matar a los tepanecas y a todo el que se le resistiera. Dicho y hecho; al día siguiente al amanecer comenzó la batalla por ambas partes, y como los enemigos no esperaban un ataque, y menos con ejércitos tan numerosos y bien preparados, en poco tiempo, por más que se defendieron los tepanecas y todos sus aliados, en las ciudades y pueblos de Acolman y Coatlichán fueron vencidos y sus casas saqueadas.

Él mismo mató a Teyolcoatzin, uno de los dos usurpadores que, por ser su nieto, Tezozómoc había impuesto en el gobierno del reino de los alcohuas. Los chalcas hicieron lo mismo con la otra cabeza, que se llamaba Quetzalmaquiztli, señor de Coatlichán, que también era nieto del viejo tirano.

Netzahualcóyotl entró en la ciudad de Texcoco y destrozó las casas de los enemigos. Como ésa era su ciudad, no encontró mucha resistencia, y los que vivían ahí se rindieron de inmediato. Después se dirigió a Huexotla, en donde salió a dar las gracias al ejército de los chalcas, y como premio les otorgó todos los despojos que habían ganado de la ciudad y cabecera de Coatlichán para que se los ofrecieran a sus dioses. No sin hacer patente de nuevo su agradecimiento a los señores principales por el bien que le habían hecho, se despidió de ellos, y antes de marcharse les rogó que se prepararan y tuvieran listos sus ejércitos para recobrar lo que quedaba del imperio en manos tepanecas, y que ya les avisaría cuándo sería el próximo ataque. De allí regresó por el camino que iba hacia Acolman, pues le habían avisado que el ejército de los huexotzincas y el de los tlaxcaltecas querían volver a sus reinos. De la misma forma que con los chalcas, se despidió de los señores de Zacatlan, Totoltépec, Chololan y algunos otros de otras provincias menos importantes, que se fueron diciéndole que estaban listos para la siguiente batalla. Sólo se quedaron con él los soldados profesionales y sobresalientes de su propio ejército, con ayuda de los cuales, y de los leales de su reino, se apropió completamente de la ciudad de Texcoco. Después marcó sus fronteras allá en los límites de los reinos de los tepanecas y mexicanos; con esto, por fin, recuperó parte de su reino y se pudo quedar en su ciudad triunfante y victorioso, y no como en los últimos años, como un fugitivo.

Cuando Maxtla supo que Netzahualcóyotl no sólo se había escapado, sino que además intentaba recobrar y reconstruir su imperio, en un intento desesperado mandó que se ofrecieran favores y regalos no sólo a los señores de la ciudad de Texcoco y su reino, que pertenecían a la casa y linaje de Netzahualcóyotl, para comprarlos, sino también a los demás gobernantes de las provincias de todo el imperio; a cambio de ello sólo pedía que apresaran y mataran a su enemigo. Hubo algunos que respondieron a su llamado. El primero fue el cuñado del príncipe, Nonoalcatzin, que estaba casado con la infanta Tozcuetzin, y después su hermano Yancuiltzin, que ya había intentado matarlo en una ocasión, y Tochpili, los cuales no consiguieron llevar a cabo los deseos del tirano, pues la fuerza del príncipe ya era demasiado grande; y así, los que no murieron en el intento tuvieron que salir huyendo de la ciudad.

Once años después de la muerte del emperador Ixtlixóchitl y de su gran capitán general Cuacuecuenotzin, recobró su legítimo príncipe heredero el reino de Texcoco el día que llaman *ce olin,* a los cinco días de su octavo mes llamado *micailhuitzintli;* es decir, el 11 de agosto de 1427.

Capítulo XV

— La ayuda a los mexicanos —

MAXTLA tenía muy descontentos y oprimidos a los mexicanos, sobre todo desde que había mandado matar al rey Chimalpopoca, y era muy injusto con ellos, a tal grado que por hacerlos pagar lo que consideraba como una traición por parte de sus señores, les había impuesto tributos excesivos e imposibles de cumplir. Como se ha visto, éstos eran los principales aliados del tirano Tezozómoc, rey de los tepanecas, lo que le creó un enorme problema cuando le negaron su obediencia porque, además de matar a su rey, Maxtla intentó forzar a la reina, mujer legítima del rey Itzcóatl, y deshonrarla, por simple diversión. Por otra parte, Netzahualcóyotl les acusó como partícipes en la traición que le habían hecho a su padre y su posterior asesinato. Los aztecas estaban entre la espada y la pared, pues recibían presiones de los dos señores más poderosos de la región. Así que después de ver todos los inconvenientes y virtudes de cada una de las posibles alianzas, se decidieron por intentar ganar la buena voluntad de Netzahualcóyotl, porque veían que junto a él podrían conseguir mejores ventajas. Este pueblo estaba todavía bajo el yugo de los tepanecas, y pensaron que la mejor manera de liberarse era enviarle sus embajadores al príncipe de Texcoco, disculpándose lo mejor que pudieran por sus anteriores diferencias, y le pidieran que a la mayor brevedad posible les ayudara a deshacerse de sus opresores, porque solos no podían enfrentarse con la gente de Maxtla, que los tenía acorralados dentro de

87

su ciudad; a cambio le ofrecerían todas sus fuerzas y ayuda para recobrar el imperio.

Como embajadores fueron elegidos Motecuhzoma Ilhuicamina, que era su capitán general, y primo hermano y muy querido de Netzahualcóyotl, y otros dos caballeros: Totopilatzin y Télpoch. Estando ya en las fronteras del reino de Alcohua, fueron apresados por los soldados de Netzahualcóyotl, los cuales, cuando se dieron cuenta de que eran amigos de su señor, no sólo no los mataron, sino que además los llevaron a su presencia. En cuanto estuvieron frente al príncipe, le explicaron la situación en la que se encontraba su pueblo, y le pidieron ayuda. Netzahualcóyotl se alegró mucho de verlos, y le entristeció el mal estado en que los mexicanos se encontraban. Para poderles socorrer lo más rápido posible, envió a la provincia de Chalco a su hermano Quauhtlehuanitzin, a su primo Motecuhzoma y al otro embajador a pedir ayuda a Toteotzintecuhtli; por otra parte mandó a su hermano Xiconacatzin y a otros tres principales a que convocaran a Iztlacauhtzin, señor de Huexotla.

Desgraciadamente, este mensaje no fue bien acogido por los chalcas, ni por Iztlacauhtzin, su capitán general, ya que odiaban a los mexicanos, y con justa razón, pues en su época de aliados de los tepanecas habían sido muy crueles e insolentes con ellos. La respuesta que dio el capitán general fue la de hacer pedazos al hermano del príncipe y a los otros caballeros que habían ido como embajadores, y a los que fueron directamente a Chalco, Toteotzintecuhtli los mandó aprehender, y nombró como su guarda a Coateotzin, uno de los señores de Tlalmanalco, que les era favorable, y esa misma noche los liberó. Toteotzintecuhtli, que por lo visto jugaba a dos bandas, es decir, que cuando le convenía estaba a favor de Maxtla, y cuando no a favor de Netzahualcóyotl, envió por la posta el aviso al tirano de que los tenía prisioneros para intentar recobrar su confianza. Pero Maxtla estaba tan indignado con él por la ayuda que le había dado a su enemigo para recobrar su reino, que le respondió con amenazas de que iba a destruir su reino, y que de los presos hiciera lo que quisiera. Mientras, los embajadores volvieron a la ciudad de Texcoco, donde Netzahualcóyotl los consoló y los mandó de vuelta a México ofreciéndoles que después iría tras ellos con toda la gente que lograra reunir, y que tenía buenas noticias de Tlaxcala, Huexotzinco y otras provincias que habían respondido a su llamado diciéndole que le ayudarían.

Maxtla, encolerizado, decidió que ya era hora de dar un golpe decisivo contra México, que tan gran traición había cometido, y de paso, cuando hubiera caído, los tepanecas podrían reconquistar todo lo que Netzahualcóyotl les había quitado.

Viendo Netzahualcóyotl el aprieto en que estaban sus tíos y los mexicas, sus vasallos, juntó rápidamente a toda la gente que pudo y los organizó para que le siguieran tanto por agua como por tierra. Ya a punto de embarcar, recibió una mala noticia: Iztlacauhtzin, su capitán general, se le había rebelado con toda su gente y se habían puesto de lado tepaneco. No le quedó más que superar la traición, pues lo más importante en ese momento era llegar lo más rápido posible a México-Tenochtitlán, donde Itzcóatl ya le estaba esperando con sus tropas.

Mientras, los señores mexicanos, al enterarse de los planes de su rey, se aterrorizaron y fueron a ver a su rey para suplicarle que no emprendiera una lucha tan peligrosa, pues no sobrevivirían, y eso causaría la destrucción de su ciudad. Itzcóatl les dijo:

—¿Qué queréis que haga para libertaros de tanta calamidad?

—Que pidamos la paz al rey de Azcapotzalco —respondió la muchedumbre— y le ofrezcamos nuestros servicios; y para moverle a compasión, que se lleve a su presencia nuestro dios, en hombros de los sacerdotes.

Motecuhzoma estaba presente y, escandalizado por la reacción de su pueblo, les gritó desesperado:

—¿Qué hacéis mexicanos? ¿Habéis perdido el juicio? ¿Cómo se ha introducido tamaña bajeza en vuestros corazones? ¿Olvidáis que sois mexicanos, descendientes de aquellos héroes que fundaron nuestra ciudad, de aquellos hombres animosos que la han conservado a despecho de los esfuerzos de nuestros enemigos? O mudad de resolución o renunciad a la gloria que habéis heredado de vuestros abuelos —después le dijo al rey—: ¿Cómo permitís esta ignominia de vuestro pueblo? Habladle otra vez y decidle que nos deje tomar otro partido antes de poneros tan necia y tan infamemente en manos de nuestros verdugos.

El rey volvió a hablar a su pueblo, que aceptó que la lucha era inevitable. Después pidió un voluntario que iría como embajador a ver al rey de los tepanecas, jugándose la vida. Los nobles se miraban unos a otros y ninguno se decidía a responder; entonces Motecuhzoma, de nuevo, tomó la palabra:

—Yo iré, porque si debo morir, poco importa que sea hoy o mañana, y no puede ofrecerse una ocasión más gloriosa de perder la vida, puesto que será sacrificada en honor de mi nación. Vedme aquí señor, pronto a obedecer vuestro mandato. Mandad lo que gustéis.

El embajador llegó a ver al tirano, que le recibió y escuchó sus palabras de paz, en nombre de su rey y de su nación. Éste le respondió que necesitaba deliberar, que volviera al día siguiente. Así lo hizo, y Maxtla le respondió que no podía aceptar sus condiciones, por lo que no quedaba otro camino que la guerra. Motecuhzoma le respondió con las ceremonias que se acostumbraban en estos casos, que consisten en presentar ciertas armas ofensivas, untarle la cabeza al enemigo y ponerle en ella unas plumas, como se hacía con los muertos, y le dijo que por no haber querido aceptar la paz, él lo mataría con sus propias manos y exterminaría a toda su nación. El tepaneca, sin enojarse, también le dio unas cuantas armas para que se las presentara al rey de México, y aconsejó al embajador que por su propia seguridad saliera disfrazado por una puerta falsa del palacio.

En Tenochtitlán se preparaba todo para la batalla, el ejército estaba listo para atacar, así que en cuanto Netzahualcóyotl llegó a México desembarcó en la parte de Tlatelolco, en donde Itzcóatl, su tío, y Quauhtloatoatzin con los demás señores mexicanos salieron a recibirle. Juntaron a los dos ejércitos y comenzaron a pelear con los tepanecas. La batalla duró hasta que los echaron de la ciudad. Continuaron peleando, pues su fin era terminar con la tiranía de Maxtla, así que salieron divididos en dos escuadrones y pelearon tres días contra él. Al cuarto día por la mañana, Netzahualcóyotl, con su gente por un lado e Itzcóatl y los mexicanos por otro, peleó con tal furia que de los dos bandos murió mucha gente, pero al fin Maxtla se fue retirando con su ejército, hasta que los echaron fuera de las fronteras mexicanas. Para unirse a la lucha llegaron los señores huexotzincas, tlaxcaltecas y otros amigos, y se juntaron con los soldados texcocanos. Netzahualcóyotl, Itzcóatl y los demás señores se reunieron para decidir la estrategia y acordaron que el ejército se dividiera en tres escuadrones. Uno sería capitaneado por Netzahualcóyotl y en su compañía iría Xayacamachan con la mitad de los huexotzincas, y el general de Tlaxcala y los suyos entrarían por la parte del cerro de Quauhtépetl, y el otro lo encabezaría Itzcóatl con la otra mitad de los huexotzincas, que tenían al mando a Temayahuatzin, su señor. El tercer escuadrón estaría en manos de Motecuhzoma y de Quauhtlatoatzin, señor de Tlatelolco. Divididas las fuerzas, quedaron de acuerdo en que ninguno atacaría hasta que se diera una seña que ya tenían convenida, y que vista ésta todos salieran al mismo tiempo sobre sus enemigos. Y así, al otro día, en cuanto rompió el alba comenzó la batalla.

La guerra duró ciento quince días, hasta que el ejército de Maxtla quedó deshecho y sus soldados huyeron. En la retirada murieron muchos de ellos, y cuando los ejércitos libertadores entraron a la ciudad la destruyeron y tiraron las casas de los señores principales y de la gente ilustre, además de los templos, pasando a cuchillo a todos los enemigos que encontraban. Maxtla, que se había escondido en un estanque de sus jardines, fue sacado con escándalo y entusiasmo, y Netzahualcóyotl lo llevó a la plaza principal de la ciudad, y allí le sacó el corazón como sacrificio a sus dioses, diciendo que lo hacía en recompensa por la muerte de su padre Ixtlixóchitl, y declaró que aquella ciudad, Azcapotzalco, cuyo nombre significa hormiguero, se convirtiera desde aquel momento en una feria de esclavos.

Prosiguieron con su ejército asolando con el mismo rigor a las otras ciudades principales del reino de los tepanecas; así cayeron en sus manos Tenayocan, Toltitlan, Quauhtitlan, Xaltocan, Huitzilopochco y Colhuacan. Los dos años siguientes se ocuparon en recuperar la ciudad y reino de Texcoco, que recordemos que estaba en manos de Iztlacautzin, ex capitán general de Netzahualcóyotl y señor de Huexotla, y otros señores caballeros de su mismo rango. Es verdad que pretendieron defenderse, pero no pudieron resistir la fuerza del ejército del príncipe y así, viéndose desbaratados y vencidos, huyeron y se fueron algunos a la provincia de Chalco, y otros a la de Tlaxcala y Huexotzinco.

En castigo por su participación en el alzamiento, casi todas las ciudades, pueblos y lugares del reino de Texcoco que habían sido favorables a Maxtla fueron saqueados por la gente de Netzahualcóyotl, que además, siguiendo la costumbre, quemó algunas casas de los señores principales que lo habían traicionado y sus templos más importantes. Y dejando en la ciudad de Texcoco y en otras gente de su confianza, regresó a México, en donde él y su tío, el rey Itzcóatl, dieron orden de tomar la ciudad y provincia de Xochimilco, y después la de Cuitláhuac, que por estar metidas en la laguna se habían negado a obedecer a los mexicas. En lo referido, en cercar el bosque de Chapultepec para llevar en una atarjea el agua a la ciudad de México y en edificar algunos palacios, además de otras obras públicas, estuvo trabajando Netzahualcóyotl hasta 1430, año en el que la mayor parte del imperio estaba en sus manos y en las de sus aliados.

Capítulo XVI

— El juramento de Netzahualcóyotl
como rey del imperio alcohua
y la formación de la Triple Alianza —

N el año de 1431, en el calendario náhuatl *nahui ácatl* o
4 Caña, a sus veintinueve años, le pareció al príncipe que ya
había llegado el momento de que fuera jurado y recibido con
la solemnidad que convenía en sus reinos.

Según Ixtlixóchitl, tanto por razones políticas como personales,
Netzahualcóyotl decidió que no gobernaría solo aquel gran imperio, aunque por derecho le correspondiera, y pensó que lo mejor era
que fuese encabezado por los tres señores más importantes del valle: los reyes de México, Texcoco y Tlacopan. Pero Clavijero no está
de acuerdo con esta versión, y defiende que fue por cortesía del rey
de México que el príncipe pudo acceder al trono que le correspondía, ya que Tezozómoc le había cedido a Chimalpopoca el gobierno de Texcoco; sin embargo, Itzcóatl estaba agradecido con su sobrino por la ayuda que le había brindado cuando tanto lo necesitaba,
y decidió devolverle su reino. Fuera como fuera, el imperio se dividió en tres partes.

Lo que sí parece haber sido obra de Netzahualcóyotl fue el incluir
a un señor tepaneca en la repartición de los reinos conquistados.
Cuando se lo propuso a su tío Itzcóatl no estuvo muy de acuerdo, lo
de Tlacopan no le pareció correcto, primero porque Totoquihuatzin
no era más que un señor particular que había estado sujeto al de

Azcapotzalco; y segundo, porque, por pertenecer a la casa de los tepanecas, no convenía darle tanto poder, pues se corría el peligro de
que volviera a encender la mecha y se creara un incendio que fuera
mayor que el pasado. Netzahualcóyotl replicó que sería muy injusto
terminar del todo con un reino tan antiguo como el de los tepanecas,
de donde procedían tantos señores, caballeros y personas ilustres, además le aseguró que ya tenía todo preparado para evitar cualquier sorpresa desagradable. Según creo yo, en este caso Netzahualcóyotl fue
bastante más inteligente que su tío, pues ideó la manera de terminar
de manera tajante con los problemas con los tepanecas. ¿Cómo? Pues
muy fácil, convirtiéndolos en sus aliados.

Así, el señor mexicano, el texcocano y el tepaneca fueron jura-
dos los tres juntos como sucesores del imperio, y cada uno, por separado, como rey y cabeza de su reino. Al de Texcoco le llamaron
Alcohua Tecuhtli, y le dieron también el título y dignidad de sus
antepasados, el de llamarse Chichimécatl Tecuhtli, que era el título
y soberano señorío que tenían los emperadores chichimecas. A su tío
Itzcóatl se le dio el título de Colhua Tecuhtli, por la nación de los
culhuas toltecas. Y por último, a Totoquihuatzin se le dio el título
de Tepanécatl Tecuhtli, que era el título que tuvieron los reyes de
Azcapotzalco. Después de los nombramientos, y contentos de haber conseguido la paz por tantos años deseada, organizaron grandes
y solemnes fiestas para celebrar los acontecimientos.

Para nombrar a Netzahualcóyotl Acolhua Tecuhtli se realizaron
ritos y solemnidades en los que se combinaron los usos propios de
Texcoco con los que seguían los señores mexicas. Primero se vistió
al príncipe con ropa real de algodón azul, se le calzó con una especie de chancletas llamadas cutaras, también de color azul, y se le
puso en la cabeza, como insignia real, algo así como la corona de los
·reyes europeos, una venda del mismo color, forrada, más ancha por
delante que por detrás. Así ataviado, Netzahualcóyotl se dirigió al
templo de Tezcatlipoca, seguido por todos los grandes y señores principales del reino, y por los reyes de México y Tlacopan. Ya en presencia del dios, se desató el manto y quedó desnudo frente a él.
Recibió un incensario con el que sahumó a la deidad con aromas de
copal y luego dirigió el humo hacia los cuatro puntos cardinales.

Aquel traidor que se negó a ayudar a los mexicas en compañía de Netzahualcóyotl cuando era su capitán general, Iztlacahuatzin, señor de Huexutla, y Motoliniatzin, señor de Coatlichán, que tampoco había sido muy fiel al entonces príncipe, argumentando que estaban arrepentidos de su comportamiento anterior, aunque más bien por miedo a sus represalias, al enterarse que Netzahualcóyotl estaba jurado y recibido como rey de Texcoco y sucesor del imperio, acordaron enviarle un gran regalo compuesto de oro, piedras preciosas, plumería y mantas ricas, y le rogaron que los perdonase por las ofensas pasadas y les perdonara la vida. Para demostrar su buena voluntad también alabaron al rey Itzcóatl y a otros señores mexicanos, a quienes enviaron otros presentes. Netzahualcóyotl los perdonó y les ordenó que volvieran a su patria.

Según Fernando de Alva Ixtlixóchitl, antes de dejar Tenochtitlán, Nezaualcóyotl dividió la tierra entre el soberano de México-Tenochtitlán, su tío, y él mismo, y le entregó lo que sobraba al señor de Tlacopan. En esta cuestión también hay algunas contradicciones, pues otra vez Clavijero no está de acuerdo con el otro cronista, pues dice que tanto Coyoacán, como Azcapotzalco, Mixcoac y casi todas las ciudades que habían sido de los tepanecas habían quedado en manos de los aztecas. Estos estados se le entregaron a Totoquihuatzin de manos y por cortesía de Itzcóatl, no de Netzahualcóyotl. El caso es que la repartición fue bastante injusta, pues el texcocano se favorecía demasiado a sí mismo, exagerando su influencia como heredero de los chichimecas. Esta muestra de arrogancia originó algunos problemas entre ellos, que trataré en el siguiente apartado.

Pero veamos cómo quedó dividido el imperio: se dibujó una línea de norte a sur desde el cerro Cuexómatl por en medio de la laguna, hincando unos soportes muy gruesos y poniendo paredones hasta el río de Acolhuacán, y desde ahí hasta un cerro que se llama Xóloc, y hasta otro conocido como Techimali, llegando a la tierra de Tototépec, que está en dirección norte; y además todo lo que quedaba por la parte del oriente quedó del lado de Netzahualcóyotl; mientras que lo que quedó del lado de poniente le correspondió a Itzcoatzin, además de lo que le correspondió a Totoquihuatzin, rey de Tlacopan. Hecha la repartición, pidió a su tío que le diera una buena cantidad de oficiales de todas las artes mecánicas; éste se los concedió y, junto con otros que reclutó en la ciudad y reino de Azcapotzalco, en Xochimilco y otras partes, se los llevó a su reino.

Decidió volver a sus tierras por la laguna, y antes de llegar a la ciudad de Texcoco desembarcó en el bosque de Acayácac, que estaba cerca de la orilla, y fue recibido por todos los señores y la gente ilustre de su reino con grandes fiestas y alegría, pero faltaron Itlacauhtzin y Ochpáncatl, señor de Coatlichán; Motoliniatzin, Totomihua, de Coatépec, y Tochpilli, que, aunque los había perdonado por sus antiguas traiciones, viendo la gravedad de sus culpas, por miedo y vergüenza no se atrevieron a ir a esperarle. Ya en la ciudad de Texcoco, Netzahualcóyotl fue muy bien acogido, y se fue a vivir a sus palacios conocidos como Cillan.

Quedó algún municipio algo rebelde, que pronto fue dominado; un ejemplo de esto fue Coyoacán, que seguía siendo fiel a algunos tepanecas de la antigua escuela que intentaban que todos sus pocos aliados se unieran con ellos para no caer en manos del imperio mexica. Cuando los ejércitos de Itzcóatl llegaron a ese pueblo, los rebeldes empezaron a insultar a las mujeres que iban a su mercado, e incluso a algunos hombres. El rey azteca, para evitar castigos demasiado fuertes por el momento, ordenó que ningún mexicano fuera a Coyoacán, pero cuando terminó la toma de Huejutla se fue directamente contra ellos. Los rebeldes, al ver el poder del enemigo, salieron huyendo despavoridos hacia los montes. Hasta allí los siguieron los mexicanos, hasta que se rindieron. Éste fue el último bastión del poderío tepaneca antes de su alianza con México y Texcoco.

Nezahualcóyotl, primer Rey de Texcoco. Litografía en Willian Prescott,
Historia de la Conquista de México, 1844.

Nezahualcóyotl.

Nezahualcóyotl como gobernante de Texcoco. Códice Florentino, libro XII, f. 7r.

Luis Ortíz Monasterio: *Fuente monumental de Nezahualcóyotl, 1958.* Chapultepec, D. F.

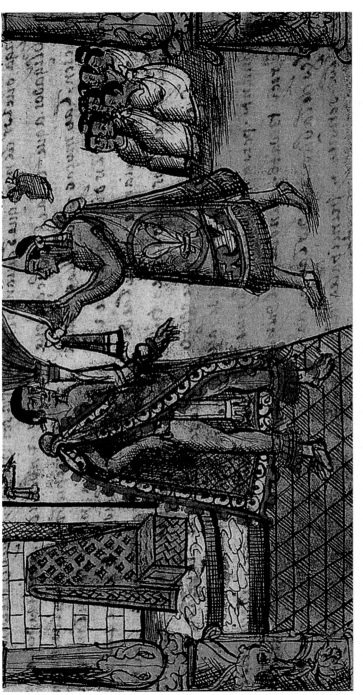

Nezahualcóyotl en el acto de entronizar a Moctezuma. Fray Diego Duran, *Historia de las Indias de la Nueva España e islas de Tierra Firme,* Cap. XV.

Jesús F. Contreras: *Nezahualcóyotl, 1888-1889*. Bronce.

Jesús Helguera: *Nezahualcóyotl y Azcalxochitzin, 1956*. Óleo sobre lino.

Nezahualcóyotl rey de Texcoco, representado con el atavío propio para la guerra.
Códice Ixtlilxóchitl, f. 106r.

Capítulo XVII

— La traición de Itzcóatl —

YA cada uno en su imperio, empezaron a surgir dudas, sobre todo en el rey mexica. Itzcóatl llamó a los señores mexicanos y les dijo que pensaba que no había sido acertado jurar a su sobrino como supremo señor del imperio, y darle el título de Chichimécatl Tecuhtli, pues era muy joven para ese cargo tan importante; en cambio, él era viejo, y había sido casi como un padre para el tenoxca, pues era su tío e hijo de su hermana menor la reina Matlalcihuatzin. Por tanto, creía que él tenía más derecho a esa dignidad y soberano señorío; y que a su sobrino debería bastarle con el honroso título de rey de los alcohuas y estar agradecido de ser su compañero en el imperio, al igual que lo era el señor de Tlacopan. La falta de discreción del rey hizo que sus conspiraciones llegaran a los oídos de Netzahualcóyotl, el cual, al enterarse de la ambición de su tío, y parecerle una actitud muy ingrata de su parte, se quedó al mismo tiempo triste e indignado, pues Itzcóatl parecía haber olvidado la fidelidad que le había demostrado y los favores que le había hecho al liberarlo del cautiverio en el que a él y a todos los mexicanos tenía el rey de Azcapotzalco.

Llevado por su orgullo y su dolor, decidió reunir a sus tropas e ir sobre la ciudad de México, y con la fuerza de las armas demostrar a su tío y a los señores mexicanos que era digno de ser señor del imperio y de mantener el título de Chichimécatl Tecuhtli. Mandó avisar Itzcóatl que pronto estaría con su ejército sobre la ciudad de

México, «y por medio de las armas le daría a entender ser digno del título y dignidad que tenía ser el Chichimécatl Tecuhtli del imperio». El rey mexicano, viendo el enojo y determinación de su sobrino, queriendo evitar una guerra y, sobre todo, no hacerse con un enemigo tan peligroso, intentó disculparse lo mejor que pudo. Le envió veinticinco doncellas, las más hermosas y de más ilustre linaje que halló en su corte, pues todas pertenecían a la casa real de México, y con ellas otros presentes y dones de oro y pedrería, plumas ricas y mantas. Netzahualcóyotl mandó hospedar a estas señoras y las agasajó, y además les dio muchos presentes que se acostumbraban entre los nobles náhuas, es decir, oro, pedrería, plumas y mantas ricas. Mas cuando vio que ya habían descansado, se las devolvió al rey, su tío, agradeciéndole los dones que le había hecho, y le mandó decir que un agravio como el que le había hecho «no se había de negociar ni allanar por medio de mujeres, sino por sus personas y con las armas»; y entre otros presentes que le envió en respuesta de los que recibió, iba una serpiente de oro que estaba enroscada y con el pico metido en su propia natura, que tenía un significado, obviamente negativo, que los mexicanos entendieron perfectamente.

Itzcóatl reunió a sus gentes y fortaleció la ciudad lo mejor que pudo. Poco después atacó Netzahualcóyotl por la parte de Tepeyac. Trató de entrar directamente a tomar la ciudad de México, la cual se defendió valerosamente, de tal manera que la batalla duró siete días, y de ninguna manera consiguió el rey de Texcoco entrar en ella. Dicen que un muchacho llamado Teconatltécatl, que era mochilero del ejército de Netzahualcóyotl, con gran coraje y como desesperado, arremetió contra el capitán de los mexicanos, de tal manera que a los primeros encuentros que tuvo con él mató a muchos soldados y desestabilizó por completo al ejército de los mexicanos. Los de Texcoco fueron detrás de él, y, como siempre, saquearon las casas más importantes de la ciudad y quemaron los templos.

El rey Itzcóatl envió a los ancianos de la ciudad a decirle a su sobrino que ya era bastante con lo que había hecho, y que por favor respetara las canas de sus tíos y mayores los mexicanos. Netzahualcóyotl, satisfecho de su victoria, mandó que el ejército se retirara. Acto seguido se entrevistó con su tío y después de haber declarado en público su arrepentimiento, hicieron las paces; además, ordenó que desde ese momento se les diera a Netzahualcóyotl y sus sucesores un tributo y reconocimiento en todas las ciudades, pueblos y lugares pertenecientes a los reinos de México y Tlacopan que están enclavadas en la laguna y su contorno; éstos eran la ciudad de Tenochtitlán, el barrio de Xoloco, la de Tlacopan, la de Azcapotzalco, Tenayocan, Tepotzotlan, Quauhtitlán, Toltitlan, Tlecatépec, Huexachitlan, Coyoacán, Xochimilco y Cuexomatitlan. El tributo consistía en que cada año una de estas ciudades y pueblos referidos entregaría cien cargas de veinte mantas blancas con sus cenefas de pelo de conejo de todos colores, «y veinte cargas de mantas reales de las que se ponían los reyes en los actos públicos con las mismas cenefas; otras veinte que llamaban esquinadas de a dos colores con la misma cenefa que traían puestas en sus areitos y danzas; dos rodelas de plumería con sus divisas de pluma amarilla y otros penachos que llamaban tecpílotl, que es lo que se ponían los reyes de Texcoco en la cabeza, con otros dos pares de borlas de plumería con que ataban el cabello; y por mayordomo y cobrador de estos tributos a un hombre llamado Cáilol que eligió para ese efecto». El rey su tío y el de Tlacopan, con el resto de la nobleza de todas las demás ciudades y pueblos atrás referidos, advertidos de lo que Netzahualcóyotl era capaz, se comprometieron a entregar todo lo que se había prometido como tributo cada año.

Capítulo XVIII

— La división del imperio —

Y A todos de nuevo en paz, decidieron que los señores fueran restituidos en sus antiguas ciudades y alrededores. Así, a todos los que pertenecían a la casa real de México Itzcóatl les devolvió sus señoríos. Lo mismo hizo Totoquihuatzin, rey de Tlacopan, con los que pertenecían a la casa real de Azcapotzalco. En total fueron nombrados nueve de México, siete de Tlacopan y catorce de la casa real de Texcoco, es decir, treinta señores, que eran considerados los grandes de todo el imperio, y que asistían a las cortes de las tres cabezas, ya fueran ellos personalmente o sus hijos, y el reconocimiento con el que contaban era solamente el homenaje y el derecho de asistencia de sus señores, así como acudir en tiempos de guerra con sus vasallos a servir a sus reyes sin otro tributo y reconocimiento.

Netzahualcóyotl por fin cumplió su deseo más anhelado: instalarse definitivamente en su corte, en la ciudad de Texcoco. En la organización que dio Netzahualcóyotl al señorío de Texcoco o Acolhuacán se combinaron el sistema de gobierno por señoríos o feudos menores con una administración central, a cargo de consejos generales, mayordomías y un aparato judicial.

Capítulo XIX

— La organización del reino de Texcoco —

LOS señoríos menores, dependientes del de Texcoco, eran catorce y sus gobernantes eran los señores principales del reino. Las demás ciudades, pueblos y lugares del reino de los alcohuas fueron divididos en ocho partes, y puso en cada uno de ellos un mayordomo y cobrador de sus tributos y rentas, además instituyó la obligación de sustentar, cada uno un cierto número de días, la casa y corte del rey. Las tierras de cada pueblo o ciudad estaban repartidas de esta manera:

«Había unas suertes grandes en lo mejor de las demás de las tales ciudades y pueblos que contenían cuatrocientas medidas de largo y de ancho ni más ni menos, que se llamaban por una parte Tlatocatlali o Tlatocamili, que quiere decir tierras o sementeras del señor, y por otra Itonal Intlácatl, que significa las tierras que acuden conforme a la dicha o ventura de los reyes o señores. Había otras suertes de tierras que llamaban Tecpantlali, que significa tierras pertenecientes a los palacios y recámara de los reyes o señores, y a los naturales que en ellas estaban poblados llamaban Tecpan pouhque, que quiere decir gente que pertenece a la recámara y palacio de los tales reyes y señores. Otras suertes de tierras que se decían Calpollali o Altepetlali, que es lo mismo que decir tierras pertenecientes a los barrios, al pueblo. En estas tierras estaba poblada toda la gente común en parte de ellas, y las demás la labraban y cultivaban para la paga de sus tributos y sustento. Esto era lo más principal que a solo los herederos de los reinos y señoríos pertenecía y no a otros, que esto era lo principal y la mayor parte de los pueblos y ciudades, y no podían los mazehuales (pobladores de estas tierras) darles a otros, sino que sus hijos y deudos las heredaban con las calidades que ellos las habían tenido y gozado, y si servían a otros pueblos quedaban libres para poderlas dar a otros que las tuviesen con las mismas condiciones. Estos tres géneros de tierras y poblaciones sólo a los reyes y señores pertenecían. Otras suertes había que se decían Pillali, que eran y pertenecían a los caballeros y descendientes de los reyes y señores referidos. Otras suertes se llamaban Tecpillali, que casi eran como las Pillali, pero eran de unos caballeros que se decían antiguos, y así mismo eran las que poseían los beneméritos. Había otras que se llamaban Yaotlali, las cuales eran ganadas por guerras, y de éstas lo más principal pertenecía a las tres cabezas del imperio, y lo demás que resultaba se daba y repartía a los señores y naturales que habían ayudado con sus personas y vasallos en la conquista de los tales pueblos ganados por guerra, y esto las más veces venía a ser el tercio de los pueblos o provincias conquistados.»

Según Alva Ixtlixóchitl, esta división y repartición de tierras de los pueblos de Texcoco fue también adoptada por los gobernantes de México y Tlacopan, ya que los otros dos reyes y cabezas del imperio asimilaron sus leyes y modo de gobierno, «por parecerles ser el mejor que hasta entonces se había tenido». Ésta quizá sea otra de sus exageraciones. Lo que sí es verdad que la legislación que impuso Netzahualcóyotl fue muy avanzada, pero seguramente por lo menos los reyes de México también escribieron algunas de sus leyes, y no se puede negar la posibilidad de un intercambio y enriquecimiento en la legislación de los diferentes pueblos del valle de México.

Capítulo XX

— Las casas de Netzahualcóyotl —

EL rey Netzahualcóyotl también sobresalió como arquitecto. En cuanto consiguió la estabilidad de su ciudad, se dedicó a embellecerla con magníficos edificios. Los cronistas describen sus casas como palacios grandiosos formados por bellísimas salas, aposentos y otros cuartos de retretes, jardines, templos y patios. Estas casas se edificaban tanto en Texcoco, como en México y Tlacopan, pues es verdad que los aliados siempre confiaron en las dotes del texcocano como arquitecto e ingeniero. En las obras participaba muchísima gente, más de doscientas mil personas pertenecientes a las tres regiones asistían a trabajar allí cada día. Los obreros mayores de estas casas fueron Xilomantzin, señor de Culhuacán, y Moquihuitzin, señor de Tlatelulco, aunque Netzahualcóyotl intentaba coordinar las obras personalmente.

Contamos con una descripción bastante exacta de los palacios del rey. Para lo que era su vivienda y asistencia personal tenía dos patios principales: el más grande era el que servía de plaza y mercado, y en el otro, que estaba ubicado en el interior, se encontraban las salas de los consejos. Por la parte del oriente estaba la sala del consejo real, en ella tenía el rey dos tribunales, y en medio estaba un fogón grande, en donde siempre había fuego encendido; y por el lado derecho del fogón estaba el tribunal supremo, al que llamaban Teoicpalpan, que significa asiento y tribunal de Dios; éste estaba más alto y encumbrado que el otro, y la silla y espalda que constituían su mobiliario principal eran de oro engastado en turquesas y otras piedras preciosas; delante de la silla había una especie de sitial, y en él una rodela, una macana y un arco con su aljaba y flechas. Encima de todo había una calavera, y sobre ella una esmeralda piramidal, en donde estaba hincado un plumaje o plumero al que llamaban *tecpílotl*. A los lados servían de alfombra unas pieles de tigres y leones, y unas mantas fabricadas con plumas de águila real, en donde estaban ordenados una gran cantidad de brazaletes y grebas de oro. Las paredes estaban tapizadas con unos paños hechos de pelo de conejo de todos los colores, que representaban figuras de diferentes aves, animales y flores. Detrás de la silla tenían puesto una especie de dosel hecho de plumas preciosas, con unos resplandores y rayos hechos de oro y pedrería en el centro.

El otro tribunal, al que llamaban el tribunal del rey, tenía un trono con un asiento más llano, y, al igual que la silla del otro tribunal, ésta también contaba con un dosel hecho de plumería adornado con las insignias del escudo de armas que solían usar los reyes de Texcoco. En este tribunal de ordinario asistían los reyes, y hacían sus despachos y audiencias públicas, pero cuando se trataba de determinar las causas graves y de firmar las sentencias de muerte se trasladaban al tribunal de Dios, descrito anteriormente.

Para dictar sentencia ponían la mano derecha sobre la calavera, y en la izquierda sostenían una flecha de oro que les servía de cetro; entonces se ponían la tiara que usaban, que era parecida a una media mitra. Estaban tres de estas tiaras en el sitial referido: una era de pedrería engastada en oro, la otra de plumería y la tercera tejida de algodón y pelo de conejo de color azul. En esta sala tenían que estar presentes los catorce grandes del reino en el orden que se les había asignado de acuerdo con su antigüedad. Estaba dividida en tres partes: la primera era donde se sentaba el rey, en la segunda estaban seis de los grandes en sus asientos y estrados (el primero a mano derecha era el señor de Teotihuacan, el segundo el de Acolman, el tercero el de Tepetláoztoc, y por el lado izquierdo estaban primero el señor de Huexutla, luego el de Coatlichan y por último el de Chimalhuacan). La tercera división, que era la más exterior, era ocupada por otros ocho señores ordenados igualmente por su antigüedad: por el lado derecho, el primero era el señor de Otompan, el segundo el de Tolantzinco, el tercero el de Cuauhchinanco y el cuarto el de Xicotépec. Y por el lado izquierdo, el primero era el de Tepechpan, el segundo el de Teyoyocan, el tercero el de Chicunahutla y el cuarto el de Chuauhtla.

Después del tribunal del rey seguía otra sala que estaba a la misma altura que ésta, pero por la parte de oriente, que se dividía en dos partes: en la primera, que estaba en la parte interior, había en los primeros puestos ocho jueces, cuatro eran nobles y caballeros, y los otros cuatro iban de parte de los ciudadanos. Después de ellos seguían otros quince jueces provincianos que representaban a todas las ciudades y pueblos principales del reino de Texcoco, cuya función era oír todos los pleitos, tanto civiles como criminales. En la otra parte de la sala, que estaba en la parte exterior, había un tribunal que correspondía a cuatro jueces supremos, que eran los cuatro presidentes supremos de los consejos, y contaban con un postigo por donde entraban y salían para comunicarse con el rey.

Por la parte del norte de este patio se entraba a la sala de la ciencia y la música, en ella se ubicaban tres tribunales supremos: en el primero, al lado del patio, se encontraba el tribunal y asiento del rey de Texcoco; al lado derecho estaba el otro tribunal, que pertenecía al rey de México, y por el lado izquierdo estaba el del rey de Tlacopan. Aquí era donde se reunían las tres cabezas cuando querían tratar asuntos compartidos. En medio tenían un instrumento musical llamado *huéhuetl*, en donde de costumbre estaban los filósofos, poetas y algunos de los más famosos capitanes del reino, que se juntaban para contar sus historias, cosas de moralidad y sentencias. Para Netzahualcóyotl esta sala era especial, pues consideraba el arte y las ciencias como actividades muy importantes para el buen desarrollo del reino. De hecho, una de sus mayores aficiones fue la poesía, de ahí que haya sido bautizado como el «Rey Poeta».

CANTO DE PRIMAVERA

En la casa de las pinturas
comienza a cantar,
ensaya el canto,
derrama flores,
alegra el canto.

Resuena el canto,
los cascabeles se hacen oír,
a ellos responden
nuestras sonajas floridas.
Derrama flores,
alegra el canto.

Sobre las flores canta
el hermoso faisán,
su canto despliega
en el interior de las aguas.
A él responden
variados pájaros rojos.
El hermoso pájaro rojo
bellamente canta.

Libro de pinturas es tu corazón,
has venido a cantar,
haces resonar tus tambores,
tú eres el cantor.
En el interior de la casa de la primavera
alegras a las gentes.

Tú sólo repartes
flores que embriagan,
flores preciosas.

Tú eres el cantor.
En el interior de la casa de la primavera
alegras a las gentes.

Tras de esta sala se subía a otra que estaba sobre la muralla, en donde se ponían muchos de los capitanes y soldados pertenecientes a la guardia del rey. Luego se seguía otra casi opuesta a la sala real en donde asistían los embajadores de los reyes de México y Tlacopan. Después había un pasillo por donde se entraba a este patio si se procedía del otro grande de la plaza. Y en el otro lado se podía encontrar otra sala grande del consejo de guerra, adonde asistían, primero, seis capitanes naturales de la ciudad de Texcoco, tres nobles y tres ciudadanos, y después de ellos seguían otros quince capitanes provenientes de las ciudades y pueblos más importantes del reino, a quienes se despachaban todos los negocios pertenecientes al consejo de guerra.

En el centro del palacio estaban dos salas en donde asistían otros jueces del consejo de hacienda. Tras de ella seguía la segunda sala, en donde se encontraban unos hombres que fungían de algo parecido a los jueces pesquisidores, que salían fuera de la ciudad a las provincias y ciudades a averiguar y castigar lo que el rey les mandaba. Después de esta sala continuaba otra que servía como almacén de las armas, y por la parte interior estaban los aposentos de la reina y algunos otros pertenecientes a sus damas, las cocinas y las habitaciones en donde el rey dormía, rodeadas de muchos patios y laberintos, y con las paredes adornadas por diversas figuras y labores.

Por el lado de oriente de las salas y cuartos referidos estaban los jardines y recreaciones del rey, enriquecidos con muchas fuentes de agua, estanques y acequias habitadas por peces y aves de volatería. Así mismo había en estos jardines muchos laberintos que estaban en los baños del rey. El otro patio era el mayor y principal, y, además de servir como plaza, tenía en el centro el juego de pelota.

Hacia la entrada del segundo piso había un brasero muy grande sobre una peana, que ardía siempre, día y noche. Esta plaza estaba cercada por portales, y tenía por la parte del poniente otra sala grande y la rodeaban muchos cuartos, donde se ubicaba la universidad. A ella asistían todos los poetas, historiadores y filósofos del reino, que se dividían en sus clases y academias de acuerdo a la facultad de cada uno. También se guardaban aquí los archivos reales.

Más adelante había otros cuartos con patio propio, salas y aposentos, en donde se instalaban los reyes de México cuando iban a Texcoco.

Todos los estados y provincias principales tenían sus cargos de tributos dentro del palacio, y todos los demás lo tenían fuera en casas particulares que estaban dedicadas para esa función. Por la parte exterior de la muralla estaban las casas en donde se alojaban los reyes de Tlacopan cuando iban a esta ciudad. Y más adelante, justo al lado de los templos, estaba la casa de aves, en donde el rey guardaba su impresionante colección de aves y animales de todos los géneros, serpientes y culebras traídas de diversas partes, y las que no había podido encontrar estaban representadas por figuras de pedrería y oro. También contaba con un acuario muy completo.

Finalmente, contenía toda la casa del rey: entre los grandes y medianos aposentos y grandes habitaciones más de trescientas piezas, todo ello edificado derrochando riqueza en su arquitectura.

Estas casas tenían solamente tres puertas y entradas principales. Una daba a la parte de la laguna, es decir, al poniente; otra daba hacia la montaña, hacia el oriente, y la tercera hacia el mediodía, y estaban hechas a manera de calles. Donde estaban los templos había otras entradas y portadas que daban a la casa. Estos templos tenían unas gradas por donde se podía bajar y acceder al interior de estos palacios. Del lado de poniente de los templos había otros cuartos con su patio, sala y aposentos que se llamaba Tlacateo, que era donde se criaban y adoctrinaban los hijos varones del rey, y allí asistían con ellos sus ayos y maestros, que les enseñaban todas las maneras de su buen modo de vivir, y todas las ciencias y artes que sabían, incluso las técnicas de labrar oro, pedrería y plumería.

Las hijas del rey se adoctrinaban en otro lugar. Netzahualcóyotl había establecido que cada ochenta días era ley que el soberano se reuniera con todos sus hijos y deudos, con sus ayos, maestros y los grandes del reino, en una sala grande que estaba dentro de los cuartos del Tlacateo, y así mismo también tenían que estar presentes todas sus hijas con sus ayas y maestras, incluso las más pequeñas, sentándose ordenadamente, por un lado los varones y por otro las mujeres. Los muchachos, aunque fuesen hijos del rey, tenían que ir vestidos con unas mantas groseras fabricadas de henequén. El orador se subía en un púlpito y hablaba. Por allí pasaban desde el rey hasta el más pequeño de los niños a reprender todos los vicios y las cosas que en aquellos ochenta días habían estado mal hechas. Si se sabía que el rey había hecho algunos agravios, en ese momento se los reprochaban, de tal manera que no quedaba allí ninguna reclamación que no fuera hecha, o un error que no fuera reprendido con toda la libertad del mundo. Era en esas reuniones donde los infantes aprendían las ochenta leyes que tenía constituidas el rey, y cómo se debían guardar y ejecutar.

Capítulo XXI

— Los templos —

E N Texcoco había construidos más de cuarenta templos, pero el principal y de mayor tamaño era el de Huitzilopochtli y Tláloc, cuadrado y macizo; las paredes exteriores estaban hechas de cal y canto, y las de dentro de terraplenado de barro y piedra. Comenzaban el edificio por la base, que era siempre ancha, y conforme se iba levantando se iba disminuyendo y estrechando por todas partes en forma piramidal, con grandes relieves. De trecho en trecho las gradas hacían un descanso, y encima estaba edificado un templo más pequeño compuesto de dos capillas, una mayor que la otra. La mayor daba al sur y estaba dedicada al dios Huitzilopochtli, y la menor, que estaba en la parte del norte, era la que pertenecía a Tláloc, dios de la lluvia. Estas capillas y sus ídolos miraban a la parte del poniente. Y por delante de este templo había un patio prolongado de norte a sur que tenía una capacidad de quinientos hombres, y en medio de las puertas de las dos capillas había una piedra plana y horizontal que llamaban *téchcatl*, en donde sacrificaban a los prisioneros de guerra. Cada una de estas capillas tenía tres pequeños almacenes a los que se accedía por la parte de dentro, por unas escaleras de madera movediza. Estos almacenes estaban llenos de todo tipo de armas, como macanas, rodelas, arcos, flechas, lanzas y guijarros, además de todo género de bastimentos, arreos y adornos de guerra.

El resto de los templos eran de diferentes tamaños e importancias: unos tenían dos, tres o más capillas, y algunos no tenían más que una. Estas edificaciones estaban acompañadas de más de cuatrocientas salas y aposentos que eran utilizados para las viviendas de los sacerdotes y ministros del templo, y era donde se criaban y adoctrinaban los muchachos de la ciudad. Uno de estos templos servía como reformatorio femenino, pues había muchas mujeres reclusas y encerradas; y, por curioso que parezca, aquí también se criaban algunas de las hijas de los señores y ciudadanos. Había un templo redondo en el que se veneraba a Quetzalcóatl, dios del aire, y además un estanque que se llamaba Tetzapan, que se utilizaba para lavar todos los vasos de los sacrificios, y los que se sacaban con sangre se iban a lavar allí. Había en un cercado muchos árboles y cactos llamado Teotlapan, que significa tierra de dios. Este conjunto de edificios albergaba más de cuarenta patios, entre grandes y chicos, sin contar con los jardines y laberintos.

Está claro que Netzahualcóyotl no escatimó en gastos ni humanos ni materiales a la hora de reconstruir su ciudad. Su fama de genial arquitecto e ingeniero traspasó las fronteras de su reino, y más de una vez fue requerido por importantes señores para resolver problemas urbanísticos. Además de templos y palacios, hizo grandes adelantos en la realización de obras públicas.

Capítulo XXII

— Los bosques y jardines reales —

EN el momento de acceder al trono de Texcoco, Netzahualcóyotl contaba ya con unos jardines llamados Hueitecpan, además de otros que se encontraban en los palacios de su padre llamados Cillan, y en los de su abuelo el emperador Techotlalatzin. Sin embargo, tal era su amor a la arquitectura y al paisaje, que diseñó y construyó muchos otros. El más famoso de ellos fue el bosque de Tetzcotzinco, y le siguieron el de Quauhyácac, el de Tzinacanóztoc, el de Cozcaquauhco, el de Cuetlachatitlan y los de la laguna Acatelelco y Tepetzinco. Así mismo señaló lo mejor de la montaña, adonde iba a cazar cuando gozaba de alguno de sus pocos momentos de ocio.

Estos bosques y jardines estaban adornados con ricos alcázares suntuosamente labrados y bellas fuentes. También contaban con avanzadas obras de ingeniería, como son atarjeas, acequias, estanques y baños. Otro de los elementos favoritos del rey eran los laberintos, era especialista en ellos, que, además de estar cuidadosamente trazados, habían sido embellecidos con una gran diversidad de flores y árboles de todas las especies, tanto locales como raras traídas de partes remotas. Además de lo referido tenía señalados cinco tipos de tierras, y las más fértiles que estaban cerca de la ciudad eran utilizadas para cultivar, como Atenco o Papalotlan.

Los pueblos que estaban cerca de la corte, por turnos, se ocupaban del adorno, limpieza y servicio de estos palacios. Éstos eran los pueblos que tenía sometidos. Cada pueblo y provincia tenía a su cargo el jardín, bosque o labranza que le era designado. La repartición se hacía normalmente dependiendo de las distancias, es decir, cada uno se ocupaba del edificio que le quedaba más cerca.

De los jardines, el más curioso y bien trazado fue el bosque de Tetzcotzinco. Lo rodeaba una enorme cerca. Estaba hecho en forma de cerro, pues se había hecho utilizando una peña ya existente. Para subir a su cumbre y recorrerlo entero contaba con gradas, algunas de ellas hechas de argamasa y otras estaban labradas en la misma peña. El agua que se utilizaba para las fuentes, pilas, baños y caños que se repartían para el riego de las flores y arboledas del bosque había sido llevada desde su nacimiento. Para conseguir esta proeza, fue necesario hacer un acueducto de argamasa muy fuerte y resistente que iba de unas sierras a otras, de increíble grandeza; sobre éste se hizo una atarjea que llegaba a lo más alto del bosque para que no quedara ni un solo rincón sin suministro. A espaldas de la cumbre, en el primer estanque de agua, había una peña esculpida, abarcando toda su circunferencia una tabla que representaba los años desde que había nacido el rey Netzahualcóyotl hasta la edad que tenía en aquel momento, y por la parte de afuera, también esculpidas, las cosas más memorables que había hecho. Por dentro de la rueda estaban labradas sus armas, que eran representadas por una casa que estaba ardiendo en llamas y deshaciéndose, otra que estaba compuesta por nobles edificios, y en medio de las dos había un pie de venado, con una piedra preciosa, y salían del pie unos penachos de plumas preciosas. También se representaba una cierva, y en ella un brazo asido de un arco con unas flechas, y una especie de hombre armado con su morrión y orejeras, coselete y dos tigres a los lados, de cuya boca salían agua y fuego, y por último aparecían doce cabezas de reyes y señores, y alguna otra cosa. Todo lo descrito formaba parte de la etimología de sus armas. Desde allí se repartía el agua en dos partes: la primera iba cercando y rodeando el bosque por la parte del norte, y la otra por la del sur. Desgraciadamente, todas estas obras de arte no sobrevivieron a la conquista, puesto que el primer arzobispo de México, don fray Juan de Zumárraga, las mandó hacer pedazos argumentando que no eran más que ídolos.

En la cumbre de este bosque estaban edificadas unas casas que tenían forma de torre, cuyo capitel estaba hecho de cantería y era parecido a una gran maceta. Del interior de éste salían unos penachos de plumería, que reproducían la etimología del nombre del bosque. Más abajo, hecho de un pequeño montículo, había un felino de más de dos brazas de largo con alas y plumas. Éste estaba echado y mirando hacia el oriente, y de su boca asomaba una cara, la cara del rey Netzahualcóyotl. El felino estaba puesto debajo de un palio hecho de oro y plumería. Un poquito más abajo se podían encontrar tres albercas de agua, y en la del medio, en los bordes, había tres ranas esculpidas en la misma peña, que significaban: la alberca, la gran laguna, y las ranas, las cabezas del imperio. En un extremo, hacia el norte había otra alberca, y en una peña esculpido el nombre de la ciudad de Tenayocan, que fue la cabecera del imperio de los chichimecas, y de esta alberca salía un caño de agua que saltando sobre unas peñas hacía una cascada de agua, que iba a caer en un jardín de flores olorosas provenientes de tierra caliente.

Detrás de este jardín estaban los baños, por donde se bajaba a una peña muy grande con gradas esculpidas en la propia roca. En la barandilla de estas gradas estaban labrados el día, mes, año y hora en que se le dio aviso al rey Netzahualcóyotl de la muerte de un señor de Huexotzinco a quien el rey tenía un gran cariño. Esto se explica porque la noticia le llegó justo en el momento en que estas gradas se estaban construyendo. Luego seguían los palacios que el rey había edificado en el bosque, en los cuales había, entre otras muchas salas, aposentos y recámaras, por ejemplo la habitación en la que el rey dormía, que era redonda. Una de estas estancias era mucho mayor que las demás, y delante de ella tenía un patio, en la cual recibía a los reyes de México y Tlacopan, y a otros grandes señores cuando iban visitarle, y en el patio se hacían las danzas y algunas representaciones teatrales, ya que estas visitas solían hacerse por motivos de placer.

El resto del bosque estaba poblado por una enorme diversidad de árboles y flores tropicales olorosas, y en él vivían en libertad muchas especies de aves; además el rey tenía otras metidas en jaulas que habían sido llevadas de diferentes lugares de dentro y fuera de su reino. Ya fuera de la florestas, se podían encontrar venados, conejos y liebres.

Aunque resulte un poco pesado, es importante recorrer con detenimiento las posesiones del rey Netzahualcóyotl; es por eso que he querido hacer este paseo tan exhaustivo aprovechando que las fuentes describen casas, palacios, jardines, bosques, etc. con todos sus detalles.

ALEGRAOS

Alegraos con las flores que embriagan,
las que están en nuestras manos.
Que sean puestos ya
los collares de flores.
Nuestras flores del tiempo de lluvia,
fragantes flores,
abren ya sus corolas.
Por allí anda el ave,
parlotea y canta,
viene a conocer la casa del dios.
Sólo con nuestros cantos
perece vuestra tristeza.
Oh señores, con esto
vuestro disgusto se disipa.
Las inventa el Dador de la Vida,
las ha hecho descender
el inventor de sí mismo,
flores placenteras,
con ellas vuestro disgusto se disipa.

Capítulo XXIII

— Las ochenta leyes de Netzahualcóyotl —

L A ciudad de Texcoco se dividió en seis provincias: Mexicalpan, Colhuacán, Tecanecapan, Huitznáhuac, Chimalpan y Tlailotlacan; estas provincias estaban organizadas por oficios, cada colectivo tenía su lugar. Así, los orfebres de oro y plata vivían en un barrio, los artífices de plumería en otro, los carpinteros en otro, los tejedores en otro, y por este orden todos los demás. Se edificaron muchas casas y palacios para los señores y caballeros que asistían a la corte, cada uno conforme a su rango. Éstas llegaron a ser más de cuatrocientas.

Estableció ochenta leyes muy avanzadas para la época; de hecho se supone que fueron adoptadas por sus aliados para gobernar sus reinos, cosa que no sería nada extraordinario, aunque creo que es exagerado decir que todos los pueblos de alrededor las adoptasen. Estas leyes abarcaban todos los aspectos de la vida de su pueblo: militares, políticos, económicos y sociales, que siguieron vigentes hasta la llegada de los conquistadores.

Estas ochenta leyes se dividían en cuatro partes. Esta división era necesaria para el funcionamiento de los cuatro consejos supremos que fueron instituidos: el de los pleitos de todos los casos civiles y criminales, en donde se castigaban todos los tipos de delitos y pecados, como por ejemplo el pecado nefando, que se castigaba atando al reo en un palo, después lo cubrían todos los muchachos de la ciudad con ceniza, de manera que quedara en ella sepultado; hecho

119

esto, le sacaban las entrañas por los genitales y luego lo volvían a sepultar en la ceniza.

Al traidor al rey o a su reino se le castigaba haciéndole pedazos por sus coyunturas, y luego saqueaban la casa en la que habitaba y tiraban todo lo que encontraban en el suelo, sembrándola de sal. Finalmente, sus hijos y los habitantes de su casa eran declarados esclavos hasta la cuarta generación.

Al señor que se alzaba contra las tres cabezas, habiendo sido detenido una vez, si no era vencido y preso en batalla, cuando se le atrapaba le hacían pedazos la cabeza con una porra, y lo mismo hacían al señor o caballero que utilizaba las mantas o divisas que pertenecían a los reyes.

Al adúltero, si lo atrapaba el marido de la mujer cometiendo el adulterio con ella, morían ambos apedreados. Si se acusaba el delito por indicios o sospechas del marido, y se comprobaba la verdad del caso, morían ambos ahorcados, y después los arrastraban hasta un templo que estaba fuera de la ciudad. El mismo castigo se aplicaba a los que servían de terceros o terceras. Si los adúlteros mataban al adulterado, el varón moría asado vivo, y mientras se iba asando lo iban rociando con agua y sal hasta que allí perecía, y a la mujer la ahorcaban. Pero si los culpables del adulterio eran señores o caballeros, después de darles garrote quemaban sus cuerpos, pues ésa era su manera de sepultar.

El castigo del ladrón dependía del lugar y de la gravedad de su delito: si lo pillaban robando en un lugar poblado, sobre todo si era cerca de las casas, y el botín era considerado de poco valor, era tomado como esclavo por su víctima, siempre y cuando no hubiera dañado la casa, porque el que hacía esto moría ahorcado. Lo mismo se hacía con el que hurtaba cosas de valor o en mucha cantidad, ya fuera en la plaza o en el campo. Como ejemplo se menciona que por llevarse no más de siete mazorcas mataban al delincuente dándole con una porra en la cabeza.

A los hijos de los señores, si malbarataban las riquezas o bienes muebles que sus padres tenían, los castigaban con garrote.

Al borracho, si era plebeyo y era la primera vez que incurría en este delito, le trasquilaban la cabeza públicamente en la casa y mercado, su casa era saqueada y tiraban sus pertenencias al suelo, porque dice la ley que el que se priva de juicio no es digno de tener casa, sino que tiene que vivir en el campo como una bestia. Pero si se le volvía a detener por segunda vez era castigado con pena de muerte.

También dictó leyes acerca de los esclavos y de las contiendas de haciendas, tierras y posesiones, y de los estados y diferencias de los oficios.

En el consejo de músicas y ciencias se guardaban las leyes convenientes a este consejo. Aquí se castigaban las supersticiones y los delitos de los brujos y hechiceros que había en aquel tiempo con pena de muerte; sólo la nigromancia se admitía, porque se consideraba que no hacía daño a nadie.

El consejo de guerra estaba regido por sus propias leyes: el soldado que no cumplía el mandato de su capitán o caía en alguna falta al no cumplir con su obligación era degollado, el que usurpaba despojos o cautivos ajenos era ahorcado, y lo mismo se hacía con el que daba su cautivo a otro. Al que era noble y de linaje, si se le hacía prisionero y se le atrapaba huyendo hacia su patria, también era ahorcado; sin embargo el plebeyo que hacía lo mismo era premiado. Pero si el noble, cuando lo detenían, vencía o mataba a cuatro soldados con los que le obligaban a enfrentarse antes de sacrificarlo, entonces era muy bien recibido y premiado por el rey. Se les aplicaba la pena de muerte a todos los soldados y capitanes que pertenecían a la guardia del rey si lo abandonaban y dejaban en poder de sus enemigos, porque su obligación era que estos soldados debían de regresar al soberano a su ciudad, ya fuera muerto o vivo; y si los soldados y capitanes que eran sus ayos y maestros faltaban a su deber cuando acompañaban al príncipe o a alguno de los hijos del rey, sufrían las mismas penas.

Cuando se tenía que hacer alguna entrada o declarar una guerra contra algún señor de los de las provincias remotas, había de ser por causas suficientemente justificadas; por ejemplo, que el señor principal hubiese matado a los mercaderes que iban a comerciar en su provincia, sin permitirles que se comunicaran con sus paisanos. En este caso, los tres reyes, el de Texcoco, el de México y el de Tlacopan, en consejo de guerra, se reunían con sus capitanes y consejeros y discutían la estrategia que debían seguir. La primera diligencia que se hacía era que ciertos mensajeros de los mexicanos, que llamaban *quaquauhnochtzin*, iban a ver al agresor, para hacerle un llamamiento de parte de los agraviados. En especial convocaban a todos los ancianos, juntando para ello cantidad de viejos y viejas a quienes los mensajeros decían que ellos, «como personas que habían de padecer las calamidades y trabajos que causan las guerras si su señor se desvanecía en no admitir la amistad, protección y amparo del imperio, pues tenían experiencia de todo, les fuesen a la mano, y procurasen de que enmendasen el avieso y desacato que habían tenido contra el imperio dentro de veinte días que le daban de término». Y para que no argumentaran en ningún momento que habían sido conquistados y vencidos violentamente, les entregaban una cantidad considerable de rodelas y macanas. Estos mensajeros se ponían en un lugar destinado para ello, en donde aguardaban la resolución de la república y de los ancianos de la provincia, los cuales respondían lo que habían decidido, y dentro del término referido allanaban al señor, y entonces, dando su palabra de fidelidad al imperio, y de que dejarían entrar y salir, tratar y contratar a los mercaderes y a toda la gente que viniera de cualquiera de los tres reinos, y si enviaba cierto presente de oro, pedrería, plumas y mantas, era perdonado y admitido por amigo del imperio. Y si cumplidos los veinte días no aceptaban sus condiciones, llegaban otros mensajeros que eran naturales de la ciudad de Texcoco llamados *achcacahutzin*, los cuales daban su mensaje al mismo señor de la provincia, y a todos los señores y caballeros de su casa y linaje, ofreciéndoles otros veinte días que les daban de plazo para que aceptaran la paz y concordia con el imperio, con el aviso de que si al cumplirse el término no se rendían, el señor sería castigado con pena de muerte conforme a las leyes, que disponían hacerle pedazos la cabeza con una porra, si es que no moría en batalla o cautivo en ella para ser sacrificado a los dioses; los demás caballeros de su corte también serían castigados conforme a la voluntad de las tres cabezas del imperio. Habiendo hecho este aviso al señor y a todos los nobles de su provincia, si en los siguientes veinte días se rendía, los de su provincia quedaban obligados a dar un reconocimiento a las tres cabe-

zas cada un año, aunque moderado, y el señor y todos los nobles
eran perdonados y admitidos en la gracia y amistad de los tres poderosos reyes. Si volvía a negarse, los embajadores le ungían el brazo derecho y la cabeza con un licor que llevaban, que servía para
darle fuerza y que pudiese resistir la furia del ejército de las tres cabezas del imperio; luego le ponían en la cabeza un penacho de plumería que llamaban *tecpílotl*, atado con una correa roja, y le pre-
sentaban muchas rodelas, macanas y otros adherentes de guerra, y
luego se juntaban con los embajadores que habían llegado antes. Por
último, llegaban los terceros embajadores, que eran de la ciudad de
Tlacopan, de nación tepaneca, y tenían el mismo cometido que los
demás. Éstos daban su mensaje de parte de las tres cabezas del imperio a todos los capitanes, soldados y otros hombres de milicia, in-
vitándoles por última vez, y advirtiéndoles que ellos, por su oficio,
serían los que iban a recibir los golpes y trabajos de la guerra. Que
por su propio bien procuraran que dentro de veinte días su señor
aceptara la obediencia al imperio, pues así serían perdonados y admitidos en su gracia. Si no aceptaban, pasado ese tiempo, los ata-
carían con todo el rigor de sus ejércitos. Sin embargo, si se rendían
dentro de ese plazo, sólo castigarían al señor, y la provincia queda-
ría sujeta a dar un tributo más alto que en el segundo aviso, y cierto reconocimiento; pero si no aceptaban el ultimátum, cumplidos
los veinte días, los embajadores tepanecas entregaban rodelas y macanas a los capitanes y hombres militares de aquella provincia, y se
reunían con los representantes mexicanos y texcocanos, luego juntos se despedían del señor de la república y de los hombres de guerra, no sin advertirles que dentro de otros veinte días estarían las tres
cabezas o sus capitanes con sus ejércitos sobre ellos. Efectivamente,
si el último plazo de veinte días se agotaba, comenzaba la batalla,
porque en cuanto el señor enemigo se negaba a rendirse por tercera vez, los ejércitos del imperio se ponían en marcha. Como era de
esperar, estos pequeños pueblos no tenían ninguna posibilidad
de ganar, así que en cuanto eran conquistados y vencidos, se ejecu-
taban todos los castigos atrás referidos, y se repartían las tierras y los
tributos entre las tres cabezas: al rey de México y al de Texcoco en
partes iguales, y al de Tlacopan la quinta parte. Una muestra de res-

peto era que la sucesión del señorío era tomada por el heredero y sucesor legítimo de la provincia, aunque obligado a cumplir con las obligaciones y reconocimientos referidos, y recibiendo gente perteneciente al ejército de las tres cabezas; de esta manera se apropiaron de todos los territorios cercanos.

En el cuarto y último consejo, el de hacienda, se dictaban y se hacían cumplir las leyes referentes a ella; es decir, el cobro de los tributos y su distribución, además de los padrones reales. Los cobradores que cobraban más de lo que debían pagar los súbditos y vasallos eran castigados con la pena de muerte. Por otro lado, los jueces de estos tribunales no podían recibir ningún tipo de soborno, ni mostrar preferencia por ninguna de las partes, pues la parcialidad estaba castigada con la pena de muerte. Todos estos jueces eran sustentados directamente por el rey.

Capítulo XXIV

— Las conquistas de la Triple Alianza —

Las crónicas defienden mucho a Netzahualcóyotl, y lo ponen como pacifista; sin embargo, su alianza con México y Tlacopan fue casi puramente colonialista. Aunque sus batallas se plantean como medios para conseguir la paz en sus provincias, lo cierto es que conquistaron de forma violenta a todos los territorios que les rodeaban. También es verdad que normalmente era el rey mexicano el encargado de organizar estas guerras, pero es innegable la participación activa y convencida del Rey Poeta. Sin embargo, no se puede negar su inteligencia al dejar siempre que la voz cantante en las acciones bélicas la llevaran los mexicas, pues de esta forma los pueblos sometidos derivaban su odio hacia ellos y él aparecía como un personaje más bien fortuito en aquellas conquistas.

El señorío de Tlaxcala siempre le había favorecido; y así, en agradecimiento de esto, Netzahualcóyotl los visitaba continuamente y les enviaba regalos exquisitos de oro, pedrería, plumas, mantas y otras cosas. En una de esas visitas decidió darle más extensión a los territorios tlaxcaltecas, por la parte del reino de Texcoco. Delimitó la frontera empezando por el cerro de Quauhtépetl, y prosiguió a otro que se llama Ozelotépetl, continuó hacia Huehue y Chocayan y terminó en un cerro llamado Coliuhcan. Ésta era una buena manera de mantener contentos a sus aliados y no tener sorpresas desagradables.

Cuando terminó la época de rivalidades entre los grandes reinos y se formó la Triple Alianza, o Alianza de las Tres Cabezas, comenzó una etapa de hermandad y cooperación entre ellos. Habían llegado a un acuerdo en el que se comprometían a favorecerse unos a otros sin que jamás pretendieran quitarse los señoríos de manera violenta, ni por medio de la guerra ni de ninguna otra forma. También tenían acordado que si algún señor se levantaba contra el rey Netzahualcóyotl, el rey Itzcóatl, el rey Totoquihatzin o sus descendientes, las señorías aliadas tenían la obligación de socorrer al agraviado con todo su poder y su fuerza. Por último, juraron que en los años de sequía, inundaciones o cualquier otra desgracia, se ayudarían y abastecerían unos a otros con comida, agua y los recursos humanos necesarios para paliar todas las eventualidades.

Con su reino en paz, el rey texcocano, con el pretexto de «pacificar» los alrededores de su reino y de recuperar lo que consideraba como «parte de su patrimonio», empezó una férrea campaña de conquistas. Ganó toda la sierra de Totonapan, que contiene más de ochenta leguas, y al volver de esta batalla decidió llamar a sus aliados para que juntos se hicieran con todas las provincias posibles. Así, reunió a su gente con las de Itzcóatl y con las de Totoquihuatzin, rey de Tlacopan, y fueron a atacar la tierra de los tlalhuicas y la ganaron. Al hacer la repartición le correspondió a Netzahualcóyotl la cabecera de Quauhnáhuac, que estaba formada por nueve pueblos, a los que impuso un mayordomo de tributos; de éstos sacaba ochenta y seis mil mantas, huipiles, nahuas y pañetes, y cierta cantidad de preseas de oro, pedrería y plumería en cada año, además de las amas y criadas necesarias para el servicio de la casa del rey y las flores que de costumbre se usaban en el palacio. Al rey de México le otorgaron Tepozotlan, Oaxtepec y otros sitios en los que se favorecía con la misma cantidad de tributos que el otro rey, y al de Tlacopan también le dieron la parte que le pertenecía.

Prosiguieron con las conquistas y ganaron provisionalmente la provincia de Chalco, aunque luego, como había pasado otras veces, se rebeló. Después atacaron a la de Itzcoan y la ganaron, luego las provincias de Tepecyacan, Tecalco, Teohuacan, Coaixtlahuacan, Cuetlachtlan, Hualtepec y Quauhtochco, y las anexaron al imperio con la misma calidad que a las demás.

Netzahualcóyotl, por su cuenta, atacó con su ejército a la gran provincia de Tochpan y a la de Tizauhcóac; como era de esperarse, las ganó. Colocó a sus mayordomos en la de Tizcohuacaláotl, y éste cobraba cada año en tributos mil ochocientos fardos de mantas, así de las ricas veteadas de todos los colores, que eran utilizadas para tapizar las salas y cuartos del rey, como las otras llanas, además de huipiles, nahuas, más de cien fardos de mantas de ilacatziuhque y otros cien fardos de las más delicadas, que entre éstas y algunas otras hacían un total de más de cuarenta mil piezas. También les entregaban 400 petacas y 400 pellejos de venado, 100 venados vivos, 100 cargas de chile y 100 cargas de pepitas, 100 papagayos grandes, 40 costales de pluma blanca con la que fabricaban telas, y otros 40 costales de plumería de aves de diferentes colores, 200 fardos de pañetes, y las amas y criadas necesarias para el servicio del rey.

En la gran provincia de Tochpan puso por mayordomo a Huehutli, que cobraba cada año 1.580 fardos de las mantas del género atrás referido y más de 25 mantas y huipiles, 400 fardos compuestos cada uno por 10 mantas de ilacatziuhque, y otros tantos fardos de ilacatziuhque delgado de a 40 brazas. En total, todos los productos hacían 47.645 mantas, nahuas y huipiles, piezas de ilacatziuhque y pañetes, además de las amas del palacio y criadas que eran necesarias para el servicio del soberano. La provincia de Tochpan se dividía a su vez en siete provincias, que contenían sesenta y ocho pueblos sujetos a ella. Conquistadas estas provincias que pertenecían al patrimonio del rey de Texcoco, marchó con su ejército costeando el mar del Norte hasta otra provincia que se llamaba Teochtépec, que también ganó y sometió.

Dando la vuelta, se dirigió a la provincia de Mazahuacan, y luego a la de Tlacayopan, esta vez acompañado por los reyes de México y Tlacopan; y habiéndolas conquistado e impuesto los mismos tributos atrás referidos, atacó Tlauhcocauititlan y la ganó. Esta provincia y las demás en las que impuso a sus mayordomos y cobradores fueron las que se anexionaron directamente al reino de Texcoco, sin entrar en la repartición con los otros dos reyes; y en las que no puso mayordomos se repartían las rentas entre las tres cabezas por el orden referido. Las rentas se llevaban a la ciudad de México todas juntas, y allí se hacía la división. Ahí los mayordomos y agentes de los tres reyes recibían cada uno la parte tocante a su respectivo señor. Las rentas que correspondían al rey Netzahualcóyotl se guardaban en la ciudad de México en sus palacios antiguos, y con ellas premiaba de mano de los señores mexicanos, a todos los señores de su señorío, a sus hijos, deudos y otras personas que eran consideradas con derecho a recibir beneficencias, para que justificadamente se le diera a cada uno de ellos lo que merecía por sus virtudes.

En esta época expansionista, como en todos los períodos de tiempo ocupados en operaciones bélicas, y a pesar de estar marcada por la victoria, no faltaron hechos desagradables. Uno de ellos fue el que protagonizaron los habitantes de la provincia de Tolantzinco, que a pesar de todas las advertencias continuaron siendo rebeldes al imperio. Una noche atacaron y quemaron los campamentos en los que el rey tenía reunida a la gente que conformaba su guarnición, y mataron a todos los soldados que Netzahualcóyotl tenía en los presidios. De esto hacía ya cuatro años desde que había sojuzgado esta provincia, por lo que determinó constituir un grueso ejército, fue sobre ellos y, como era de esperarse, los castigó con todo rigor. Ahí terminó el problema, y aunque fue benevolente, y decidió dejar al señor principal de esa provincia en su mismo puesto, y continuó siendo uno de los catorce grandes del reino, éste, como castigo a su desafío, quedó obligado a dar tributo y plantar arboledas en los jardines y bosques. Y para borrar la mala imagen que había quedado de las guerras, Netzahualcóyotl fundó un pueblo que llamó Tzihuinquilocan, con gente de la ciudad de Texcoco, en donde se encontraban los presidios.

Capítulo XXV

— La muerte de Itzcóatl —

En el año 1440, que en náhuatl se llama *matlacliomey téc-patl,* murió el rey Itzcóatl, que, recordemos, fue el primero de los gobernantes de México-Tenochtitlán que, en compañía de los de Texcoco y Tlacopan, imperó en la tierra de Anáhuac, habiendo reinado casi catorce años, aunque ya había ejercido como importantísimo general durante treinta. Pero no sólo fue conocido por sus acciones políticas o militares, también se le recuerda porque bajo su reinado las ciudades mexicanas, y en especial la de México-Tenochtitlán, crecieron y florecieron. Por ejemplo, después de la conquista de Cuitlahuac, erigió dos hermosos edificios: el templo de la diosa Cihuacóatl y el del dios Huitzilopochtli.

Una de las leyes que habían establecido entre los tres soberanos consistía en que, cuando falleciera alguno de ellos, los dos que quedaran tendrían la obligación y el derecho de elegir al sucesor. Así que Netzahualcóyotl acordó hacer un llamamiento general en todo el imperio y, junto con Totoquihuatzin, eligieron a Motecuhzoma Ilhuicaminatzin nuevo rey de México, no sin antes hacer entre los dos, aunque contando con el ejército mexicano, una campaña en la que conquistaron las provincias de Cohuixco, Oztompan, Quezaltépec, Ixcateopan, Teozcahualco, Poctépec, Tomazolapan, Chilapan, Quiauhteopan, Ohuapan, Tzompahuacan y Cozamaloapan.

Capítulo XXVI

— El matrimonio —

La historia del casamiento del Rey Poeta parece haber salido de un cuento de hadas, de príncipes y enredos. Es en este aspecto donde Netzahualcóyotl realizó el que se considera el acto más mezquino de su vida, aunque los cronistas le perdonan su abuso de poder porque «en la guerra y en el amor todo vale».

En todo este tiempo, el rey no se había casado conforme a la costumbre de sus antepasados. Es decir, que, aunque tenía muchos hijos de sus concubinas, y algunos de ellos le habían ayudado en las guerras y conquistas que había hecho a lo largo de su reinado, y eran ya importantes capitanes, no contaba con una esposa legítima que tuviera el derecho legal de ser la madre del sucesor del reino; por tanto, y ése era el verdadero problema, no había sucesor del reino.

Decidido a cumplir con sus obligaciones familiares, ordenó que le llevaran algunas doncellas que fueran hijas legítimas de los señores de Huexotla y Coatlichán. La búsqueda no fue sencilla; de hecho, sólo encontraron a una que procedía de la casa de Coatlichán, pero era tan pequeña que no le quedó más remedio que entregársela al infante Quauhtlehuanitzin para que la criara, le enseñara las costumbres del reino y la educara conforme a su futura condición de reina. Cuando llegó el momento de llevar a cabo la formalización del casamiento, pues la muchacha había alcanzado la edad conveniente, mandó que se la llevaran al palacio para celebrar su boda. En esta época murió Quauhtlehuanitzin, que ya era muy viejo, y su hijo, heredero de su casa y linaje, viendo aquella muchacha tan bella y tan noble, e ignorando por qué había sido su padre designado su tutor, se casó con ella. Cuando llegó a su conocimiento el mandato del rey, Ixhuetzcatoacatzin le respondió que aquella mujer era ya su esposa, que la había desposado porque ignoraba que estuviera prometida, ya que su padre nunca le contó quién era ella ni para qué la educaba, pero que ya estaba hecho y que se ponía a disposición del rey para que tomara las medidas que creyera necesarias. El rey, sin darle respuesta alguna y apresando al joven, remitió el caso los jueces para que deliberaran y decidieran si se había cometido algún delito; éstos lo declararon inocente de toda culpa y lo dejaron en libertad.

El pobre rey, acostumbrado a que la fortuna le sonriera siempre, se quedó muy apesadumbrado porque en este asunto había tenido tan mala suerte. Le invadió tan gran tristeza y melancolía, que desesperado salió solo del palacio y se dirigió a los bosques que tenía en la laguna. Caminó sin parar hasta que se encontró con el pueblo de Tepechpan, y cuando Quaquauhtzin, señor de allí y uno de los catorce grandes del reino, lo vio venir, salió a recibirle y lo llevó a sus palacios, en donde le ofreció de comer. Netzahualcóyotl tenía mucha hambre, pues no había probado bocado, así que aceptó la invitación; y para más agasajo, pidió que en la mesa le sirviera Azcalxochitzin, que era una mexicana hija del infante Temictzin, que este señor criaba para casarse con ella después y convertirla en su legítima mujer, planes que no había llevado a cabo porque ella todavía no había alcanzado la edad para casarse, porque sus padres se la entregaron cuando todavía era una niña pequeña a cambio de un gran presente de oro, piedras preciosas, mantas, plumería y esclavos.

El rey, cuando vio a aquella joven, que en realidad era su prima hermana, «tan hermosa y dotada de gracias y bienes de naturaleza, le quitó todas las melancolías y tristezas y le robó el corazón». Por fin había encontrado a la mujer que deseaba que fuera su esposa legítima; sólo existía un problema: ella ya estaba comprometida. Así que disimulando lo mejor que pudo sus sentimientos se despidió y volvió a su corte.

Después de meditarlo por el camino, decidió que no podía dejar pasar aquella oportunidad. Al llegar a su palacio dio orden a gente de toda su confianza, y lo más discretamente posible, de mandar matar al señor Quaquauhtzin. Esto lo hizo urdiendo un plan muy complicado para evitar levantar sospechas y que alguien descubriera los verdaderos motivos de ese crimen: envió a un mensajero a la señoría de Tlaxcala para que informara que por razones de Estado convenía que Quaquauhtzin, uno de los grandes de su reino, muriera como pago por ciertos delitos graves que había cometido, pero que, precisamente por ser uno de los señores principales, su muerte debía ser lo más honrosa posible. Para ello pedía a esa señoría que mandara a sus capitanes que terminaran con él en combate, que él le ordenaría que fuera a la guerra, y que los tlaxcaltecas lo único que tenían que hacer era asegurarse de que no sobreviviera. Luego el rey mandó llamar a dos de sus capitanes y les dijo que quería enviar a la guerra, que esta vez correspondía hacer en el campo de la frontera de Tlaxcala, a Quaquauhtzin, y que lo metieran en la zona más peligrosa, de tal manera que no pudiera escapar con vida.

Quaquauhtzin, sin entender nada, cumplió con los deseos de su rey, aunque sospechó que nunca volvería a su tierra, y compuso unos cantos lastimosos que cantó en un banquete de despedida al que invitó a todos sus deudos y amigos. El plan de Netzahualcóyotl funcionó a la perfección, y Quaquauhtzin quedó hecho pedazos por los tlaxcaltecas en el campo de batalla.

Habiendo quitado al principal obstáculo de su camino, le quedaba averiguar cuáles eran los deseos de su prima. De nuevo tuvo que actuar en secreto, y para ello fue a visitar a su hermana la infanta Tozcuentzin, a la que dijo que quería casarse con Azcalxochitzin, y que sólo le faltaba saber si ella le correspondía; pero, por estar tan reciente la muerte del que iba a ser su esposo, no sería muy bien visto que se tratara el asunto en público, así que confiaba en ella para que buscara la manera de cumplir sus deseos con total discreción. La infanta respondió que en su casa tenía una vieja criada suya que la iba a visitar muy seguido y le cuidaba el cabello; que podía enviarla a ella, pues estaba segura de su fidelidad. El rey, siguiendo el consejo de su hermana, mandó a la vieja para que le dijese a su prima de su parte que le pesaba la muerte de su prometido y que se sentía en deuda con ella, pues era su prima hermana; así que había decidido tomarla como esposa y convertirla en reina y señora de su Estado y señorío. Recomendó a la mensajera que le diera el recado de la manera más discreta posible, sin que nadie pudiera escuchar la conversación. La vieja fue tan hábil en la maniobra que dio su mensaje a la señora a solas y salió muy contenta, pues la respuesta de la señora fue que se ponía a disposición del rey para que dispusiera de ella, y que aceptaba gustosa su ofrecimiento.

En cuanto Netzahualcóyotl se enteró de la buena voluntad de su prima, mandó que se construyera una calzada toda estacada que fuera desde Tepechpan hasta el bosque de Tepetzinco. Después regresó a la casa de la infanta su hermana, en donde pidió hablar a solas con la vieja. La envió de nuevo a ver a Azcalxochitzin para que le comunicara el plan que había urdido para reunirse de nuevo con ella. Éste consistía en que un día ya señalado (ignoro cuál) pasaría por su pueblo una peña que iba a mandar llevar de Chiuhnauhtla para ponerla en el bosque de Tepetzinco. Que lo que tenía que hacer era salir cuando ésta pasara y la siguiera hasta que la pusieran en su sitio definitivo en el bosque. Le pidió que no fuera sola; al contrario, que reuniera a toda la gente posible para que la acompañara y llamara más la atención, y que él estaría en un mirador desde donde la vería y la mandaría llevar al palacio, en donde después se celebrarían las bodas, y ella sería jurada y recibida por reina y señora de Texcoco.

El plan se puso en marcha, y el día citado salió la joven con todos los caballeros de Tepechpan, además iba acompañada de todas sus amas, criadas y otras señoras. El rey, como había prometido, estaba a la hora indicada en un mirador, rodeado de todos los grandes de su reino. Fingiendo admiración al ver el grupo tan grande de gente que se acercaba y, sobre todo, que fueran tantas mujeres juntas a un lugar en el que pocas veces aparecían, preguntó disimuladamente a sus acompañantes que quién era aquella joven. Le respondieron que era Azcalxochitzin, su prima hermana, que venía a ver la colocación de aquella peña que había traído. El rey, al escuchar esto, dijo que no estaba bien que su prima, siendo tan niña, estuviera en semejante lugar, y que sería mucho más correcto que la llevaran al palacio, en donde estaría mucho más cómoda.

En efecto, la llevaron al palacio, donde Netzahualcóyotl la recibió con grandes honores. La tuvo algunos días como invitada hasta que decidió que ya era momento de comunicarles a sus grandes que deseaba casarse con ella, pues era doncella y de muy alto linaje. Los nobles estuvieron de acuerdo, y así se celebraron las bodas con gran solemnidad y regocijos y fiestas. Los invitados de honor, cómo no, fueron los reyes Motecuhzoma y Totoquihuatzin, y otros muchos señores. Azcalxochitzin fue jurada y recibida por reina y señora de los alcolhuas chichimecas. En esta ocasión, Netzahualcóyotl hizo que sus músicos cantasen al son de sus instrumentos un poema escrito por él mismo y que empezaba diciendo: *Jochitl Madani in ahuehuetitlán*. El argumento de aquella oda era el de las circunstancias que hacían tan breve la vida, y de todos los placeres que pueden gozar los mortales, comparándolos con una hermosa flor que en poco tiempo se marchita. La interpretación fue todo un éxito, pues todos los presentes lloraron de emoción al darse cuenta de su corta y vana existencia.

Con estas artimañas consiguió Netzahualcóyotl casarse con la mujer que deseaba. Éste es el hecho reprobable que mencioné antes. La verdad es que en ese momento no se pudo culpar al rey de la muerte de Quaquauhtzin, pues su plan fue tan bien trazado, que nadie comprobó si había sido un asesinato o un simple caso fortuito. Su hijo y nietos sí supieron la verdad, y le condenaron por ella, considerando que había sido la cosa más mal intencionada de su vida, pero le disculparon porque «el celo y amor le cegó». Además Netzahualcóyotl mostró cierto arrepentimiento, y esto lo podemos comprobar en el siguiente poema:

ESTOY TRISTE

Estoy triste, me aflijo,
yo el señor Netzahualcóyotl.
Con flores y con cantos
recuerdo a los príncipes,
a los que se fueron,
a Tezozomoctzin, a Quaquauhtzin.

En verdad viven
allá donde de algún modo se existe.
¡Ojalá pudiera yo seguir a los príncipes,
llevarles nuestras flores!
¡Si pudiera yo hacer míos
los hermosos cantos de Tezozomoctzin!
Jamás perecerá tu nombre,
¡oh mi señor, tú, Tezozomoctzin!
Así, echando de menos tus cantos,
me he venido a afligir,
sólo he venido a quedar triste,
yo a mí mismo me desgarro.

He venido a estar triste, me aflijo.
Ya no estás aquí, ya no,
en la región donde de algún modo se existe;
nos dejaste sin provisión en la tierra,
por esto, a mí mismo me desgarro.

Capítulo XXVII

— La nieve, el hambre y el eclipse de sol —

L A primera desgracia ocurrió en 1446, cuando hubo una gran inundación en México-Tenochtitlán, ocasionada por las excesivas lluvias que cayeron ese año, las cuales desbordaron las orillas del lago de tal forma que anegaron toda la ciudad. Muchas casas se cayeron o quedaron inservibles, y no quedó una sola calle que pudiera ser transitada a pie. La gente sólo podía trasladarse en canoas. Motecuhzoma no era capaz de encontrar una solución para este problema, así que decidió recurrir a su primo, el rey de Texcoco, que tenía merecida fama de ser muy hábil en cuestiones de arquitectura e ingeniería. Éste acudió en ayuda de los mexicanos y les recomendó que construyeran un dique para detener el agua, calculó las dimensiones que debía tener y les dijo el lugar exacto en el que debían ponerlo. El rey azteca ordenó que se pusiera la obra en ejecución, y para ello llamó a la gente de Tacuba, Iztapalapa, Colhuacán y Tenayuca, y dicen que acudieron hasta los gobernantes de esos pueblos a mostrar su apoyo y arengar a sus súbditos para que terminaran pronto el trabajo, cosa que sucedió. El dique tenía nueve millas de largo y once brazas de ancho; se componía de estacas paralelas, y en medio de ellas el espacio estaba terraplenado con arena y piedras. El mayor obstáculo que tenían era el lago, pues trabajar dentro de él, sobre todo cuando había mucha profundidad era muy complicado, pero con ingenio todos estos problemas se superaron. Mientras esta obra se llevaba

137

a cabo, hubo una pequeña rebelión de los chalcas, pero fueron rápidamente sometidos.

En el año 1450, que llaman *matlactli tochtli*, cayeron nevadas terribles, como hacía mucho que no pasaba. Esto hizo que se arruinaran las cosechas, que se cayeran muchas casas y se destruyeran todas las arboledas y plantas de todo tipo. Se congeló de tal manera la tierra que hubo una epidemia pestilencial, por cuya causa murió mucha gente, en especial los ancianos. Durante los tres años siguientes se perdieron todas las sementeras y frutos de la tierra, de tal manera que muchos de los que sobrevivieron a la epidemia murieron de hambre.

A principios de 1454, hubo un eclipse muy grande de sol. Estos fenómenos naturales fueron siempre símbolo de mal augurio en la mayoría de las civilizaciones antiguas. A ellos se achacaban muertes, guerras y desgracias, y éste no fue la excepción. Ignoro por qué razón, seguramente por mera coincidencia, aumentó la enfermedad, y moría tanta gente que parecía que no iba a sobrevivir nadie; y el hambre era tan grande que muchos vendieron a sus hijos a cambio de algo de maíz, para esto tuvieron que viajar hasta la provincia de Totonapan, adonde dicen que no llegó la desgracia. Los de aquellas provincias, como eran tan religiosos, sacrificaban a sus dioses a todos los esclavos que compraban, para que les favorecieran y sus habitantes y sus tierras no corrieran la misma mala suerte que sus desgraciados vecinos.

También hay algún historiador, de épocas inmediatamente posteriores, que achacó las desgracias sufridas por el pueblo de Texcoco a la mala acción que hizo Netzahualcóyotl con el pobre cuacuauhtzin, ya que pensaban que los dioses no podían dejar impune un abuso de esa naturaleza.

Fuera la que fuera la causa de las desventuras que asolaban el valle de México, Netzahualcóyotl, en su tierra y reino, y Motecuhzoma y Totoquihuatzin, en los suyos, hicieron todo lo posible por socorrer a sus súbditos: les perdonaron los tributos durante seis años, que fue el tiempo que duraron todas estas calamidades, y repartieron entre ellos las reservas de maíz que tenían guardadas en las trojes, y que constituían las reservas de más de diez años. Sin embargo, al ver que las desgracias seguían, se reunieron los tres con la señoría de Tlaxcala para intentar encontrar el remedio más conveniente para salvar su imperio.

Los sacerdotes de los templos de México dijeron que los dioses estaban indignados contra el imperio, y que la única manera de aplacarlos era llevar a cabo muchos sacrificios humanos. También advirtieron que no bastaba con hacerlo una sola vez, sino que esos sacrificios tenían que convertirse en algo cotidiano para que las deidades les fueran siempre propicias. Según los cronistas, Netzahualcóyotl no estaba muy de acuerdo con estos métodos, así que, después de mucho discutir, consiguió que sus aliados aceptaran que bastaba con sacrificar solamente a los cautivos de guerra, que, como de todas formas iban a morir en batalla, se perdía poco, además de que se consideraría una gran hazaña de los soldados el mantener vivos a sus enemigos y llevarlos a cumplir con los designios divinos, por lo cual, además de que serían premiados, harían este sacrificio a los dioses. Los más difíciles de convencer fueron los sacerdotes, pues argumentaban que las guerras que se hacían eran muy remotas y no eran continuas, así que los prisioneros que se habían de sacrificar a los dioses irían muy despacio y llegarían muy debilitados, y que los dioses lo que pedían era gente sana, fuerte y dispuesta para el sacrificio de los dioses, y por eso era mucho más conveniente seguir utilizando a sus hijos y esclavos.

Xicoténcatl, uno de los señores de Tlaxcala, propuso que desde de ese momento en adelante se establecieran guerras «amistosas» entre los mexicas y las señorías de Tlaxcala y de Texcoco con sus aliados, y que se señalara un campo donde por costumbre se llevaran a cabo estas batallas; así, los que fueran apresados en ellas se sacrificarían a sus dioses. Este método garantizaría que los sacrificados fueran «carne fresca», pues el campo de batalla estaría cerca y así los dioses los aceptarían de buen grado. También planteó que ese campo se utilizara para que se ejercitaran los hijos de los señores, y que de ahí saldrían grandes capitanes. Explicó que estaba terminantemente prohibido exceder en la batalla los límites territoriales impuestos, y que todos tendrían que comprometerse a no intentar quitarle sus tierras o señoríos a los contrincantes. Por último dijo que, siguiendo las leyes de la señoría de Tlaxcala, si alguno de los reinos tenía algún problema o sufría de alguna calamidad, las otras partes debían hacer un intervalo en las guerras y ayudar al aliado en lo que fuera necesario.

Todos, tanto sacerdotes como gobernantes, estuvieron de acuerdo en las propuestas de Xicoténcatl, y Netzahualcóyotl señaló el campo de batalla; éste fue ubicado entre Quauhtépec y Ocelotépec, y por ser tres las cabezas del imperio, señaló a otras tres provincias: la de Tlaxcala, la de Huexotzinco y la tercera en el campo de Cholula, que llamaron *los enemigos de casa*, para que pelearan en igualdad numérica, ya que los tres reyes del imperio irían juntos. Quedó estipulado que las batallas se realizarían los primeros días de cada mes, comenzando por Tlaxcala la primera vez, luego Huexotzinco y al final combatiría Cholula, cuyos defensores eran los de Atlixco, y luego comenzarían otra vez la tandas por Tlaxcala. De esta manera comenzaron estas guerras y sacrificios de los dioses, costumbre que duró hasta la llegada de los conquistadores españoles.

A lo largo del año los dioses eran venerados con dieciocho fiestas principales, que se llevaban a cabo los primeros días de los dieciocho meses en los que se dividía su año solar. Era en estos festejos en los que se sacrificaba a los hombres cautivos en las guerras referidas, además de otros sacrificios esporádicos que realizaban en otras fiestas que no tenían fecha fija.

Capítulo XXVIII

— Los hijos legítimos —

RECORDEMOS que el casamiento de Netzahualcóyotl se celebró antes de la calamidad, hambre y pestes que he referido. La reina tuvo dos hijos varones, aunque no nacieron uno tras otro, sino que pasaron muchos años de por medio entre sus nacimientos. El primogénito fue el príncipe Tetzauhpintzintli; el muchacho fue premiado con todas las gracias de la Naturaleza, pues era inteligente, guapo y gran artista. Con muy poco trabajo de sus ayos y maestros aprendió de todo, era considerado un filósofo brillante, excelente poeta y valiente y hábil soldado. Incluso en las artes mecánicas era considerado alumno aventajado. Lo que más le gustaba era la milicia y la arquitectura; la muestra son los palacios que edificó en Ahuehuetitlan.

Un día un infante hijo natural de Netzahualcóyotl labró una piedra preciosa en forma de ave, y por ser tan linda esa joya y estar tan bien hecha se la quiso presentar al rey, su padre, el cual admirado de su belleza quiso dársela a su hijo el príncipe. Decidió enviársela con otro infante, también hijo natural del rey, que se llamaba Eyahue. Éste cumplió con su tarea. Le entregó la joya y le dijo que la había labrado el infante Huetzin, su hermano, y que su alteza quería que él la conservara. El príncipe mandó por Eyahue las gracias al soberano, y dijo que se alegraba de que su hermano fuera tan buen artífice, pero que le alegraría mucho más que se inclinara por la milicia.

Las envidias nunca faltan, y menos si hay poder de por medio. Así fue que el mañoso infante se dirigió a ver al rey para darle la respuesta del príncipe, pero tergiversó sus palabras siguiendo los malos consejos de su madre, que era una de las concubinas de su padre, y pretendía que no existiera ningún hijo legítimo de los soberanos, para que sus hijos tuvieran la oportunidad de entrar en la lucha por la sucesión del reino. Así, este infante le dijo al rey que había ido a ver al príncipe, y que éste le respondido muy mal, y que sospechaba que quería alzarse en contra del reino, porque le había dicho que él no apreciaba ninguno de los oficios mecánicos en que se ocupaba el infante que había labrado la joya, sino de la milicia, que le serviría para ascender hasta gobernar el mundo y, si fuera posible, tener más poder que su propio padre. También le dijo que, mientras hablaban, Tetzauhpintzintli le enseñó un almacén lleno de todo tipo de armas, y que, si no le creía, podía su alteza enviar a verlas. El rey, incrédulo, mandó a un caballero de los de su recámara a que averiguara si el príncipe tenía alguna provisión de armas, pues no se podía dejar sin averiguar si una acusación tan grave era cierta. El mensajero, al volver, le contó al afligido padre que los cuartos y casas que labraba su hijo estaban adornados con ellas, y que le había parecido que las acusaciones eran verdaderas. El castigo tenía que ser impuesto por los reyes de México, Motecuhzoma, y de Tlacopan, Totoquihuatzin, así que Netzahualcóyotl les pidió que lo reprendieran y castigaran, pero que tomaran en cuenta que era un simple muchacho que parecía haber perdido su inteligencia y rectitud. Luego les dijo que no se quería hallar presente cuando se reprendiera a su hijo, así que se iría al bosque de Tetzcotzinco.

Ya estaba el rey de Texcoco en el bosque, cuando los otros dos reyes, después de hacer una discreta pesquisa y recabar la información del caso entrevistándose con las personas que habían acusado al pobre príncipe, sin poder demostrar su inocencia, decidieron actuar en consecuencia con sus delitos. Se dirigieron a sus palacios y fingieron que lo iban a visitar y a ver la nueva casa que estaba edificando. Tetzauhpintzintli, confiado, les invitó a pasar. Ya en el palacio, unos capitanes que iban en compañía de los reyes, con el pretexto de que le iban a poner al cuello un collar de flores, le dieron

garrote y lo mataron. Ya muerto, lo pusieron en una sala amortaja-
do con todas las insignias que se acostumbraban poner a los príncipes y a los reyes. Terminado su trabajo, se despidieron y se embar-
caron hacia sus ciudades, dejando dicho que informaran al rey
Netzahualcóyotl que habían hecho lo que debían y conforme las leyes disponían. Cuando llegó al bosque la terrible noticia de la muerte del príncipe, a quien su padre quería notablemente, éste comenzó a llorar amargamente su desdicha, quejándose de la inclemencia
de los dos reyes.

Tardó muchos días en volver a su palacio. Prefirió quedarse sólo
en el bosque, triste y afligido, lamentando sus desdichas. Además
del dolor de perder a su querido hijo, le pesaba el no tener otro descendiente legítimo que pudiera heredar el reino. Es verdad que tenía con sus concubinas sesenta hijos varones y cincuenta y siete hijas. La mayoría de los varones eran famosísimos capitanes que le
ayudaron mucho en sus conquistas, pero no eran legítimos. En cuanto a las hijas, las casó con grandes señores, tanto de los de su reino,
como de los de México y Tlacopan, entregando a sus yernos una
buena cantidad de tierras, pueblos y lugares.

Fue algunos años después cuando Azcalxochitzin le devolvió la
alegría al dar a luz a un nuevo varón: el príncipe Nezahualpilli.

Capítulo XXIX

— La conquista de Chalco —

LOS problemas con la provincia de Chalco estuvieron presentes durante casi todo el reinado de Netzahualcóyotl. Estos rebeldes eran considerados por las Tres Cabezas como unos «descomedidos y desvergonzados», pues cuando toda la comarca estaba sujeta a su voluntad y mando, ellos, gobernados seguramente por el mismo Toteotzin, aquel que le había negado su ayuda a los mexicanos cuando Motecuhzoma, enviado por Netzahualcóyotl, fue a verlo como embajador, se habían atrevido a matar a dos de los hijos ilegítimos de Netzahualcóyotl y a otros dos infantes del reino de México, hijos de Axayacatzin, que era el sumo sacerdote del templo de México.

Pero la afrenta máxima fue que utilizaron sus cuerpos como candeleros, sujetando las ramas de pino con que se alumbraban, en una sala de fiestas donde por las noches hacían sus banquetes y celebraciones de todo tipo. Y sus corazones, que deberían haber sido dados en sacrificio a los dioses, pues habían pertenecido a los más famosos capitanes y gente ilustre de los que habían perecido en esa guerra, le servían de collar y joyas a Toteotzintecuhtli, su señor, que los tenía engastados en oro por pura soberbia y vana presunción.

Pero su mayor indignación fue cuando recuperaron los cadáveres de sus hijos y se dieron cuenta de cómo los tenían. Resulta que una mujer natural de la ciudad de Texcoco, que había sido cautiva de los chalcas y servía en el palacio, una noche robó los cuerpos de los infantes, pues los habían secado y embalsamado para su conservación, y ésta, compadecida y lastimada de esta crueldad y del espectáculo denigrante para el cual los habían preparado, se los llevó al rey Netzahualcóyotl, librándolos, aunque muertos, del poder de sus enemigos.

Después de tan grave provocación, los señores de Texcoco, México y Tlacopan decidieron que ya había llegado el momento de terminar con ese pueblo rebelde y peligroso para la paz del reino. Consultaron a los más doctos de todas sus provincias sobre la manera de vencerlos, y la respuesta que obtuvieron fue que la única manera de lograr sus deseos era hacer grandes y solemnes sacrificios a sus dioses para que aplacaran su ira y les dieran la victoria contra sus enemigos.

Netzahualcóyotl, que siempre estuvo un poco reacio a admitir en su corte la adoración de los dioses mexicanos, en ese momento tuvo que hacerlo y no le quedó más remedio que comenzar a edificar los templos dedicados a estos dioses, pues de haberse negado lo único que hubiera conseguido sería tener problemas con sus aliados, y no era el momento de perder un apoyo tan importante.

Tuvieron tan poco efecto estos sacrificios, que no sólo los dioses no les concedieron lo que pedían, sino que las cosas iban de mal en peor.

Netzahualcóyotl, desesperado, decidió salir de la ciudad de Texcoco, y se fue a su refugio, el único lugar donde realmente podía pensar y acercarse a su dios: el bosque de Tetzconzinco. Allí ayunó cuarenta días, y se dedicó a rezarle al dios no conocido (una deidad de origen tolteca: Tloque Nahuaque), al que compuso en su alabanza sesenta y tantos cantos notables por su moralidad y sus sentencias, algunas de las cuales reproduzco en el apartado de la poesía.

Oraba cuatro veces al día: al salir el sol, a mediodía, al ponerse el sol y a medianoche. Ofrecía sahumerio de mirra y copal y otros humos aromáticos. El siguiente es uno de los cantos dedicados al Dador de la Vida:

EN EL INTERIOR DEL CIELO

Sólo allá en el interior del cielo
tú inventas tu palabra,
¡Dador de la vida!
¿Qué determinarás?
¿Tendrás fastidio aquí?
¿Ocultarás tu fama y tu gloria en la tierra?
¿Qué determinarás?
Nadie puede ser amigo
del Dador de la Vida...
Amigos, águilas, tigres,
¿adónde en verdad iremos?
Mal hacemos las cosas, oh amigo.
Por ello no así te aflijas;
eso nos enferma, nos causa la muerte.
Esforzaos, todos tendremos que ir
a la región del misterio.

Mientras el rey meditaba, Iztapalotzin, uno de los caballeros de su recámara que le había acompañado, escuchó una voz que le llamaba por su nombre desde afuera, y cuando salió a ver quién era se encontró con un mancebo de aspecto agradable, que despedía una especie de luz, pues el sitio donde estaba parado estaba muy iluminado. Le dijo que no tuviera miedo, y que por favor entrara y le dijera al rey, su señor, que al día siguiente, antes del mediodía, su hijo el joven infante Axoquetzin ganaría la gran batalla contra los chalcas, y que la reina su mujer pariría un hijo sano y hermoso que le sucedería en el trono del reino Alcohua, muy sabia y pacíficamente. Dicho esto, la visión o lo que fuera aquello desapareció. El caballero entró a donde el rey dormía, y lo encontró haciendo oración y sacrificio de incienso y perfumes, mirando hacia donde nace el sol. Agitado, le contó lo que había visto y le transmitió el mensaje que el misterioso muchacho le había pedido que le diera. El rey, incrédulo, llamó a los de su guardia y mandó que apresaran a Iztapalotzin para castigarlo, pues le parecía que lo que le había relatado no era más que un invento suyo.

Aquella madrugada, el infante Axoquetzin se fue con otros muchachos amigos suyos al campo de Chalco, porque deseaba ver a sus hermanos los infantes Ichantlatoatzin, Acapioltzin y Xochiquetzaltzin, que hacía mucho tiempo que eran caudillos en el ejército que tenía el rey en estas fronteras y campos contra los chalcas. Los infantes estaban almorzando sobre una gran rodela, y Acapioltzin, que fue el primero que reconoció a su hermano, se alegró mucho de verlo, y saludándole, le llamó y lo sentó a su lado para que comiera con ellos. Ichantlatoatzin, uno de los infantes mayores, se enfadó por la invitación que se le había hecho a su hermano pequeño, y dijo que ese sitio no era para que comiera en él un muchacho que ni siquiera había luchado en guerra alguna, y que mejor se fuera a esconder en las faldas de las mujeres y amas que lo habían criado. Axoquetzin, afectado por las cosas que su hermano le había dicho, decidido a mostrar su valor, se fue a una tienda de armas, se armó, y luego se fue al campo de sus enemigos, y se metió en él tan desesperadamente y con tanta prisa que en dos saltos entró en la tienda en la que estaba Toteotzintecuhtli, señor y caudillo principal del ejército de los chalcas, y embistiendo contra él lo agarró de los cabellos con una mano y con la otra se defendió como pudo de sus enemigos. Fue todo tan sorpresivo, que cuando los enemigos quisieron defenderse y liberar a su rey, ya los texcocanos habían vencido al resto del ejército, pues habían visto al infante salir tan alocadamente, que decidieron seguirlo para ayudarle en caso de peligro. Así, con la ayuda de los capitanes del ejército de sus hermanos, el muchacho consiguió apresar al señor de los chalcas, hiriendo y matando a los contrarios que se le ponían delante.

Cuando sus hermanos se dieron cuenta de lo que pasaba, ya se estaba festejando el triunfo del infante Axoquetzin. Ellos continuaron con la batalla, hasta conseguir la victoria completa y vencer a todo el ejército de los rebeldes chalcas. Con esto terminaron por fin los problemas con esta provincia tan incómoda, que quedó sometida. En cuanto se conoció la proeza de Axoquetzin, despacharon por la posta un aviso al rey, su padre, relatándole lo que había sucedido. La alegría volvió a él y mandó que liberaran a Iztapalotzin de la prisión en la que estaba. Luego se hicieron muy grandes y solemnes fiestas.

Pocos días más tarde se hizo realidad la segunda profecía de aquella aparición del bosque, pues la reina parió un hijo que se llamó Netzahualpilli, que significa príncipe ayunado y deseado. En recompensa por lo enormes favores que el rey había recibido de su dios, le construyó un magnífico templo, muy suntuoso, que estaba justo enfrente al templo mayor de Huitzilopochtli.

Capítulo XXX

— La muerte de Motecuhzoma
y el nacimiento de Netzahualpilli —

EL príncipe Netzahualpilli nació en el día que llamaron *matlactiome cóatl*, que era el octavo día de su decimoquinto mes llamado *atemoztli*, y en su año llamado *matlactioce técpatl*; es decir, 1465. Y ese mismo año los chalcas, ya vencidos y como castigo de su obstinación y rebeldía, comenzaron a edificar salas y aposentos de increíble grandeza en las casas y palacios del rey, en las demás de los señores y caballeros de su reino y en las de los otros dos reyes y señores del imperio, trayendo desde su provincia madera, piedras y los demás materiales necesarios para construir los edificios. El castigo era muy duro si consideramos que en las guerras pasadas, que duraron tanto tiempo, habían muerto la mayoría de los hombres de la provincia, por lo que hasta las mujeres estaban dedicadas de lleno a este trabajo.

El rey Netzahualcóyotl, que no se caracterizaba por su crueldad, ni siquiera con los enemigos, cuando se dio cuenta de las malas condiciones en las que estaban trabajando los chalcas, y sobre todo que se estaban muriendo de hambre, no pudo permitir tal injusticia, y mandó que se construyeran unas casas pajizas muy grandes llamadas jacales, y que en ellas sus mayordomos tuviesen preparada una gran cantidad de alimento para los obreros, ya que necesitaban tener fuerza para poder terminar las tareas que tenían encomendadas. Gracias a estas medidas, no sólo bajó considerablemente la mortalidad de los cautivos, sino que empezaron a llegar nuevos hombres y mujeres a participar en las obras, pues en sus territorios no siempre tenían asegurado el sustento.

Cuatro años después, en 1469, y tras veintiocho años de reinado, murió el gran Motecuhzoma Ilhuicamina en la ciudad de México, no sin antes pedir que se eligiera en su lugar a Axayácatl. Llegada la triste nueva a Netzahualcóyotl, hizo las mismas gestiones que cuando murió Izcóatl, para que fuera elegido un nuevo sucesor del trono mexica, y cumplió la voluntad del recién fallecido rey. Así, en lugar de Motecuhzoma fue jurado Axayácatl, hijo de Tezozómoc, hijo de Itzcóatl y Atotoxtli, hija legítima de Motecuhzoma.

Al Rey Poeta le pesó mucho esta pérdida, pues el mexicano, además de su primo, había sido uno de sus más queridos compañeros de batallas, su aliado y su amigo. Su tristeza se refleja en este canto que le escribió cuando todavía no había muerto, pero estaba ya muy enfermo.

CANTO DE NETZAHUALCÓYOTL DE ACOLHUACAN
(Con que saludó a Motecuhzoma el viejo, cuando éste estaba enfermo)

Miradme, he llegado.
Soy blanca flor, soy faisán,
se yergue mi abanico de plumas finas,
soy Netzahualcóyotl.
Las flores se esparcen,
de allá vengo, de Acolhuacan.
Escuchadme, elevaré mi canto,
vengo a alegrar a Motecuhzoma.
¡Tantalalilili, papapapa, achala, achala!

¡Que sea para bien!
¡Que sea en buen momento!
Donde están erguidas las columnas de jade,
donde están ellas en fila,
aquí en México,

donde en las oscuras aguas
se yerguen los blancos sauces,
aquí te merecieron tus abuelos,
aquel Huitzilihuitl, aquel Acamaplichtli.
¡Por ellos llora, oh Motecuhzoma!
Por ellos tú guardas su estera y su solio.
Él te ha visto con compasión,
él se ha apiadado de ti, ¡oh Motecuhzoma!
A tu cargo tienes la ciudad y el solio.

Un coro responde:

Por ellos llora, ¡oh Motecuhzoma!
Está contemplando el agua, el monte, la ciudad,
allí ya miras a tu enfermo,
¡oh Netzahualcóyotl!
Allí en las oscuras aguas,
en medio del musgo acuático,
haces tu llegada a México.
Aquí tú haces merecimiento,
allí ya miras a tu enfermo.
Tú, Netzahualcóyotl.

El águila grazna,
el ocelote ruge,
aquí es México,
donde tú gobernabas, Itzcóatl.
Por él, tienes tú ahora estera y solio.
Donde hay sauces blancos
sólo tú reinas.
Donde hay blancas cañas,
donde se extiende el agua de jade,
aquí en México.

Tú, con sauces preciosos,
verdes como jade,
engalanas la ciudad.

La niebla sobre nosotros se extiende,
¡que broten flores preciosas!
¡Que permanezcan en vuestras manos!
Son vuestro canto, vuestra palabra.
Hacéis vibrar tu abanico de plumas finas,
lo contempla la garza,
lo contempla el quetzal.
¡Son amigos los príncipes!

La niebla sobre nosotros se extiende,
¡que broten flores preciosas!
¡Que permanezcan en vuestras manos!
Son vuestro canto, vuestra palabra.
Flores luminosas abren sus corolas,
donde se extiende el musgo acuático,
aquí en México.
Sin violencia permanece y prospera
en medio de sus libros y pinturas,
existe la ciudad de Tenochtitlán.

Él la extiende y la hace florecer,
él tiene aquí fijos sus ojos,
los tiene fijos en medio del lago.

Se han levantado columnas de jade,
de en medio del lago se yerguen las columnas,
es el Dios que sustenta la tierra
y lleva sobre sí al Anahuac
sobre el agua celeste.
Flores preciosas hay en vuestras manos,
con verdes sauces habéis matizado a la ciudad,
a todo aquello que las aguas rodean,
y en la plenitud del día.
Habéis hecho una pintura del agua celeste,
la tierra del Anáhuac habéis matizado,
¡oh vosotros, señores!

A ti, Netzahualcóyotl,
a ti, Motecuhzoma,
el Dador de la Vida os ha inventado,
os ha forjado,
nuestro padre, el Dios,
en el interior mismo del agua.

Capítulo XXXI

— Sus profecías —

ENTRE los cantos que compuso el rey Netzahualcóyotl, hubo algunos en los que mostraba ciertos temores, dudas, e incluso vaticinaba sucesos que pensaba que se podían hacer realidad en un futuro. Hay unos que muestran especial claridad, en los que se encuentran unas sentencias, que escribe a manera de profecías; es el conjunto de cantos llamado *Xompancuicatl*, que significa canto de primavera, el cual se cantó en la fiesta y banquetes de la inauguración de sus grandes palacios. El primero empieza así: *Tlacxoconcaquican hami Netzahualcoyotzin...* Que quiere decir: *Oíd lo que dice el rey Netzahualcóyotl,* con sus lamentaciones sobre las calamidades y persecuciones que han de padecer reinos y señoríos.

Ido que seas de esta presente vida a la otra,
oh rey Yoyontzin,
vendrá tiempo que serán deshechos y destrozados tus vasallos,
quedando todas las cosas en las tinieblas del olvido:
entonces, de verdad,
no estará en tu mano el señorío y mando,
sino en la de Dios.
Y esto digo:
entonces serán las aflicciones, las miserias y persecuciones
que padecerán tus hijos y nietos;

y llorosos se acordarán de ti,
viendo que los dejaste huérfanos
en servicio de otros extraños
en su misma patria, Acolhuacan;
porque en esto vienen a parar los mandos, imperio y señoríos
que duran poco y son inestables.
Lo de esta vida es prestado,
que en un instante lo hemos de dejar
como otros lo han dejado;
pues los señores Zihuapantzin, Acolnahuacatzin y Quauhtzontezoma,
que siempre te acompañaban,
ya no los ves en estos breves gustos.

Normalmente, Netzahualcóyotl aprovechaba los festejos para dar a conocer sus vaticinios, y de esta forma dijo otras muchas cosas muy curiosas. En el año 1467, que en náhuatl llaman *Acatl*, con motivo del fin de la construcción y el estreno del templo mayor de Texcoco dedicado al dios Huitzilopochtli, dijo:

¡En tal año como éste
se destruirá este templo que ahora se estrena!
¿Quién se hallará presente?
¿Si será mi hijo o mi nieto?
Entonces irá a disminución la tierra
y se acabarán los señores
de suerte que el maguey, siendo pequeño y sin sazón será talado;
los árboles, siendo pequeños darán frutos,
y la tierra defectuosa siempre irá a menos.
Entonces la malicia, deleites y sensualidad
estarán en su punto,
dándose a ellos desde su tierna edad los hombres y mujeres,
y unos a otros se robarán las haciendas.
Sucederán cosas prodigiosas.
Las aves hablarán,
y en ese tiempo llegará el árbol a la luz,
y de la salud y sustento.

Para librar a vuestros hijos de estos vicios y calamidades,
haced que desde pequeños se den a la virtud y trabajos.

Es fácil comprender que sus descendientes atribuyeran todas estas desgracias a la llegada de los conquistadores españoles. A mí me parece que estas profecías podían ser atribuibles a la caída de cualquier civilización, y Netzahualcóyotl sabía que incluso la gran cultura texcocana se destruiría algún día. Seguramente lo que intentaba era aleccionar a sus señores principales y vasallos para que evitaran lo más posible todas estas muestras de decaimiento. Toda decadencia conlleva signos de corrupción, de destrucción o modificación de las «buenas costumbres».

Efectivamente, según Alva Ixtlixóchitl, «todas estas mudanzas aquí contenidas y aumentos de vicios se han cumplido a la letra, porque las que en aquellos tiempos se tenían por cosas sobrenaturales y prodigiosas son en éste muy patentes y ordinarias, y así no causan admiración». Critica la sociedad novohispana y el contagio de los vicios a la población indígena. Por ejemplo, habla del alcoholismo, tan criticado y duramente castigado por el Rey Poeta, que incluso pagaba con la vida si reincidía, y que, ya en la Nueva España, no sólo se le permitía vivir entre la «gente de bien», sino que era una costumbre cotidiana. Otro ejemplo es la libertad de acción de las mujeres, que me parece que tiene un poco idealizada, pues dice que las doncellas que tenían veinticinco o treinta años no salían de la de la casa de sus padres, y en su época (siglo XVII), sin haber cumplido ni los doce, ya hacían su santa voluntad, cosa que es exagerada, pues ni las mujeres del México prehispánico eran tan recatadas, ni las novohispanas tan liberales.

Capítulo XXXII

— Fiestas y dioses —

TANTO Netzahualcóyotl como Itzcóatl se cuidaron mucho de dejar bien claros los límites de ambos reinos. El cerro de Quexáhuatl sirvió de delimitación, siguiendo hasta el de Tláloc, que se levanta al oriente del valle de México. Este cerro era considerado uno de los más importantes. Se llamaba Tláloc porque sobre él se posaban las nubes que generalmente vienen a llevar el agua sobre la ciudad de México en el verano, que es la época de lluvias de la región. Por esta razón, sus habitantes pensaban que en su cumbre vivía el dios de las lluvias, y que desde allí enviaba a los tlaloques para que derramasen el agua que fecundaba los campos y refrescaba y daba vida sobre todo el imperio nahua. Por otro lado, de uno de sus costados bajaban los arroyos que bañaban las tierras del antiguo reino de Acolhuacán, y desde ahí, transportada por acueductos, muchos de ellos diseñados directamente por Netzahualcóyotl, se lleva el agua al bosque de Texcutzinco, que, recordemos, era el lugar preferido, tanto de placer como de meditación, del rey y sus descendientes.

Los mexicas, siguiendo las antiguas tradiciones, adoraban a la diosa Chalchiuhtlicue y al dios Tláloc, y a los texcocanos no les quedó más remedio que adoptar estos cultos, aunque aumentaron muchos dioses de tradición chichimeca y tolteca a su panteón. Volviendo a las deidades compartidas, vayamos a sus fiestas. A Chalchiuhtlicue le dedicaban la fiesta Etzecualiztli, que se celebraba cuando la épo-

161

ca de lluvias ya había empezado, y las sementeras estaban crecidas y con mazorcas. Ese día los sacerdotes iban a las tierras de los calpulli y rompían algunas cañas de maíz por debajo de las mazorcas y las clavaban en las encrucijadas de las calles, dejando en medio una especie de altar que llamaban *momoztli*. Las mujeres ponían ofrendas de tortillas de xilotl, que son mazorcas de maíz antes de que cuaje, y terminaban la fiesta celebrando banquetes, y bailaban y cantaban con mucha alegría. Esta diosa contaba también con sacerdotes y sacrificios propios; de estos últimos, el más importante era el que en su día elegían a una niña, la vestían de azul, la metían en un pabellón y, mientras entonaban cantares dedicados al agua, la degollaban en la laguna de Texcoco.

Por ser ésta la representante de tan preciado elemento como es el agua, pues es un elemento esencial tanto para las cosechas como para la siembra y la vida en general, consideraban a la diosa como madre de los alimentos, y por eso le dedicaban la fiesta Etzecualiztli, que significa fiesta del *etzacualli* o puchas de frijol con maíz cocido entero dentro. La leyenda dice que este plazo surgió en un pueblo muy pobre que no podía comer maíz y frijol al mismo tiempo: comían uno u otro; pero si al llegar el momento de hacer la fiesta, que era al comenzar las lluvias, se presentaba bueno el año, normalmente bajaba el precio de los abastecimientos y el pueblo podía comer etzacualli como símbolo de abundancia.

Por la misma razón, el signo de la fiesta era la representación de la diosa con una caña de maíz en la mano, como muestra de fertilidad, y metido en el agua, que era signo de buen tiempo. También se veían las lluvias acudiendo a su tiempo, y en la otra mano llevaba una olla con el etzacualli.

Era costumbre también en esa fiesta que pusieran en su casa, en un estradillo, todos los instrumentos de labranza: las coas y palos puntiagudos con los que sembraban, las palas para cavar la tierra, los mecapáltin para cargar y los cacaxtle, que eran unas pequeñas tablas atravesadas metidas en unos palos en donde ataban la carga, el cordel con el que la llevaban a cuestas y los cestos para recoger la cosecha, y cada uno de los habitantes del pueblo le hacía reverencia y ofrendas, adornando con flores y ramas estos instrumentos.

Después, en las mismas fiestas, para huir de la furia de Apizteotl, dios del hambre, se iban todos los señores principales a Macehualli a bañarse en los ríos y en las fuentes. Luego, estos mismos nobles iban a los templos y los mercados y se ponían a bailar, todos con una caña de maíz en una mano, y en la otra una olla de etzacualli. Mientras, la gente del pueblo se ponía unos objetos de una forma parecida a unos anteojos que hacían con las ramas del templo, y con báculos en las manos y unas ollas iban de casa en casa pidiendo que les diesen etzacualli.

En cuanto a Tláloc, le tenían una gran veneración, tanto, que no sólo se le consideraba el dios general de la tierra, sino que su templo estaba en México al lado del de Huitzilopochtli, y ambos puestos sobre el gran teocalli. La fiesta de este dios y de su cerro era la más solemne del Anáhuac. Ésta comenzaba con la llamada Hueytozostli, que servía para suplicar que se les otorgara un buen año, pues el maíz que habían sembrado ya había nacido y empezaba a crecer. Los festejos se celebraban en la misma montaña. A éstos no faltaba nunca el rey Netzahualcóyotl, acompañado de todos los grandes de su reino, que salía a recibir a los señores invitados; siempre iba el emperador de México con todos los señores principales de su reino, el rey de Tlacopan y el señor de Xochimilco, y también estaban presentes los tecuhtli de Tlaxcala y Huexotzinco, todos acompañados por los nobles de sus respectivas provincias.

Alrededor del templo construían vistosas chozas y enramadas que servían para alojar a los reyes y señores. Los acomodaban por separado, dependiendo de a qué nación o señorío pertenecían. La celebración más importante consistía en lo siguiente: al amanecer salían todos los reyes y señores a la cabeza de una gran procesión compuesta por toda la gente de los alrededores del cerro de Tláloc; tomaban un niño de seis o siete años que metían en una litera bien tapada por todas partes para que nadie lo viera. Los señores principales lo cargaban en hombros y lo llevaban hasta un lugar llamado Tetzacualco, y allí, delante de la imagen de Tláloc, los sacerdotes del dios lo sacrificaban dentro de la litera al son de muchas bocinas, caracoles y flautas.

Acto seguido, el señor de México llegaba con todos sus nobles y gente principal, y sacaba un rico traje que había llevado especialmente para el dios, así que entraban donde estaba el ídolo, y él mismo le ponía una corona de ricas plumas en la cabeza y luego lo cubría con una manta; ésta debía ser lo más costosa posible, es decir, hecha con trabajo muy fino, y debía estar adornada con plumas y figuras de culebras. Luego le ponían un maxtli bastante ancho, tan fino como la manta, y le echaban al cuello collares de piedras de mucho valor y joyas de oro, además le ponían ajorcas de oro y piedras y adornos en los tobillos de ambos pies. Hecho esto, vestía al resto de los ídolos menores con los que Tláloc compartía su templo.

Después entraban los otros reyes y señores y también hacían riquísimas ofrendas, y luego, por el mismo orden en que lo habían vestido y ofrecido sus presentes, le llevaban la comida al dios. Para terminar el rito, entraban los sacerdotes y lo rociaban todo con la sangre del niño sacrificado, untando con la que les sobraba a Tláloc. Antes de marcharse dejaban como guardias de las ofrendas a cien soldados, pues parte de la ceremonia era la extraña costumbre de que los de Tlaxcala y Huexotzinco intentaran robarlas, y era una gran afrenta para México que lo consiguieran; de hecho, no pocas veces se originaron por esta razón sangrientas peleas en el templo de Tláloc.

Muchos de los cronistas de Texcoco han exagerado en las bondades y perfección del rey de los alcohuas. Estas exageraciones son más peligrosas en el plano espiritual, pues don Fernando de Alva Ixtlixóchitl quiso hacernos creer que su bisabuelo odiaba los sacrificios humanos; la crónica relata que los hizo para pedir a los dioses la victoria contra los chalcas, pero ya hemos visto que asistía a la horrorosa muerte del niño en el monte Tláloc, y a la de la niña en el resumidero de Pantitlán. Estas actitudes también se pueden achacar a razones políticas, pero ambas teorías son indemostrables hasta ahora. Por otro lado, se dice, sin ninguna prueba, que adoraba al dios desconocido, al dios único; pero el gran teocalli de Texcoco, el mayor de estas tierras, estaba dedicado a los dos dioses principales de los mexicas: Huitzilopochtli y Tláloc; esto también se puede explicar por las presiones políticas que recibía Netzahualcóyotl de sus poderosos aliados, porque también se sabe que la deidad local del reino de Texcoco era el dios Mixcóatl de los chichimecas.

Este nuevo templo tenía cuatro descansos, y sobre él estaba edificada una torre muy alta con nueve sobrados, que significaban los nueve cielos, y un décimo, que servía de remate a los otros nueve. Por el exterior estaba matizado de negro y estrellado, y por la parte interior estaba todo engastado en oro, pedrería y plumas preciosas. El capitel se remataba en tres puntas, y en el noveno sobrado había un instrumento llamado chililitli, que le dio nombre a este templo y a su torre. También había otros instrumentos musicales, como cornetas, flautas, caracoles y un artesón de metal que se llamaba tetzilácatl, que era una especie de campana que tañían con un martillo de metal. También había uno parecido a un tambor, que era el instrumento que utilizaban para hacer las danzas y era de grandes dimensiones. Este tambor, junto con los demás instrumentos, y en especial el chililitli, se tocaban cuatro veces al día, en las horas en las que el rey oraba. El tetzilácatl era de cobre o bronce, y se usaba también más pequeño para acompañar las danzas.

Mixcoatl era el dios propio de los texcocanos, y estaba representado labrado en un monolito circular. El dios estaba medio acostado como en un baño. En los vestigios arqueológicos que todavía se conservan del templo se puede ver el centro del cuerpo con el maxtli, la preciosa ajorca labrada y con colgajos y la cinta entretejida que sostenía el cactli o sandalia; además llevaba algunos collares en el cuello y parte de un penacho de plumas y un brazo con la mano apoyada en el suelo adornada con una rica pulsera. Lo más importante de este fragmento es que se puede observar el signo especial que en el mismo brazo da el nombre de Acolhuacán. Otro dato curioso del relieve es un sol o *tonatiuh* que la figura tiene bajo el brazo, del cual sale el xiuhmolpilli, que deja en su centro un estilo que no deja duda de que aquellos pueblos usaron el reloj solar.

Delante de estas deidades y otras muchas menos importantes consumaba sus sacrificios el pueblo de Texcoco. Netzahualcóyotl hacía ante ellas su reverencia, que consistía en doblar el cuerpo, tocar la tierra con el dedo medio de la mano derecha y llevar polvo a la boca, lo que, según fray Diego Durán, demostraba una veneración especial a la diosa tierra. Además de esta reverencia, en presencia de los dioses se ponía en cuclillas, pues ésa era la postura que utilizaban estos pueblos en lugar de arrodillarse ante los dioses y los superiores. Tanto la postura como la ceremonia eran también usadas ante personas muy importantes, por ejemplo su aliado el rey de México.

Capítulo XXXIII

— La historia del muchacho pobre, del leñador y su mujer, y otras anécdotas —

OTRA de las características importantes y muy apreciadas del rey Netzahualcóyotl era su sentido de la justicia y su caridad con los necesitados. Ejemplo de esto son las siguientes historias, que aunque son puramente anecdóticas, representan muy bien este carácter.

Una vez salió el rey con uno de los grandes de su reino vestido de cazador, cosa que acostumbraba hacer muy seguido. Le gustaba salir a solas y disfrazado para no ser reconocido, y así poder enterarse de las faltas y necesidades que había en su reino y hacer algo para remediarlas. Con esa intención se fue hacia la montaña, y cerca de los límites del reino encontró a un niño pobre y hambriento, juntando palitos para llevar a su casa. El rey le preguntó que por qué no se adentraba en la montaña, pues había mucha leña seca que se podía llevar sin molestar a nadie. El niño respondió:

—No pienso hacer tal porque el rey me quitaría la vida.

Le preguntó que quién era el rey, y respondió el niño:

—Un hombrecillo miserable, pues quita a los hombres lo que Dios a manos llenas les da.

Netzahualcóyotl, un poco molesto, le dijo que bien podría sobrepasar los límites que el rey tenía puestos, porque nadie se lo iba a ir decir. Al escuchar esto, el muchacho se enojó muchísimo y comenzó a regañarle, diciéndole que era un traidor y enemigo de sus padres, pues le aconsejaba cosas que bien podrían costarles la vida. Consternado, al volver a su corte, el rey ordenó a un criado suyo que fuera a buscar a aquel niño y a sus padres, y los llevara al palacio. El criado siguió sus instrucciones, y se los llevó muy afligidos y atemorizados, pues no sabían por qué habían sido llamados a la presencia del rey. Éste, en cuanto llegaron sus invitados, mandó a sus mayordomos que les dieran una cierta cantidad de fardos de mantas y mucho maíz, cacao y otros regalos, y después los despidió dando las gracias al muchacho por la lección que le había dado y por guardar con tanto celo las leyes que él tenía establecidas. Desde entonces mandó quitar los términos señalados y permitió que todos entraran en los montes y aprovecharan la madera y la leña que se podía encontrar en ellos, con tal de que no cortaran ningún árbol que estuviera en pie, porque los castigaría con la pena de muerte.

Otra vez, estando en un mirador que daba a una de las puertas de la plaza y palacio del rey, llegó a descansar un leñador que venía muy cansado y con su carga de leña a cuestas; iba acompañado por su mujer y, mientras que se recostaba un poco sobre su carga, miró la magnificencia y la grandeza del palacio del rey y le dijo a su mujer:

—El dueño de toda esta construcción estará harto y repleto, y nosotros cansados y muertos de hambre.

La mujer le respondió que se callara inmediatamente, no fuera que alguno lo oyera y por sus palabras fueran los dos castigados. El rey llamó a un criado suyo para que le trajera a aquel leñador que estaba descansando al pie del mirador, y que lo esperaría en la sala de su consejo. El criado cumplió sus órdenes mientras el rey se fue directamente a la sala. Ya delante de él, atemorizados el leñador y su mujer, le preguntó al hombre que qué era lo que había murmurado sobre el rey, advirtiéndole que no mintiera. El pobre leñador le contó lo que había dicho, y el rey le contestó que para otra vez se cuidara mucho de lo que decía, sobre todo si se traba del rey, porque las paredes oían, además de que, aunque a él le parecía que estaba repleto y harto, y lo demás que había dicho, le pidió que se pusiera a pensar en las muchas obligaciones y el gran peso de los negocios que recaía sobre él, y que también él debía tener que realizar el trabajo de amparar, defender y mantener en justicia a un reino tan grande como era el suyo. Luego llamó a un mayordomo y le mandó que le diera cierta cantidad de fardos de mantas, cacao y otras cosas, y cuando se las habían traído en presencia del rey, le dijo el leñador que con aquello poco bastaba y viviría bienaventurado.

Tuvo otro suceso con un cazador. Este pobre hombre se ganaba la vida cazando, y una vez, después de haber andado por montañas quebradas, volvió a su casa cansado, sin haber podido cobrar ninguna pieza, y para poderse sustentar aquel día comenzó a perseguir a los pájaros pequeños que andaban por allí en los árboles. Un muchacho vecino suyo, viendo lo afligido que estaba, y que no era capaz de atinar a aquellos pajaritos, le dijo por modo de burla y vituperio que le tirase a su miembro viril, y que quizá acertaría mejor. Como el cazador estaba afligido y desesperado, ofendido enarcó y apuntó con la flecha, y disparándole le acertó. Cuando el burlón se vio herido con la flecha, empezó a gritar de tal manera que alborotó a todo el barrio. Así que apresaron al cazador y lo llevaron con el herido ante los jueces al palacio del rey. En el momento en que iban pasando por el patio principal de palacio preguntó el soberano, que los estaba mirando, qué era aquel murmullo. Los que estaban por allí le relataron el suceso, y Netzahualcóyotl los mandó traer ante sí. Escuchó la versión de ambos, y cuando supo la verdad del caso mandó que el cazador curara al herido, y que si sanaba quedara como su esclavo o le diese un rescate, es decir, que se comprara a sí mismo.

Con esto salió libre el cazador, el cual, viendo la magnificencia que había usado con él el rey, decidió buscar la manera de que éste le hiciera favores. Una noche puso un gallipavo en la puerta de su casa, en un lugar accesible para que pudiera llevárselo algún coyote. Luego se escondió en un lugar donde podía ver cuándo se llevaba el ladrón la presa, el cual, antes de que llegara la medianoche, siguiendo el olor del gallo lo encontró y se lo llevó. El cazador lo siguió hasta que se metió en su cueva, donde le dio un flechazo y lo mató. Luego se lo cargó al hombro y se lo llevó junto con el gallo al palacio. Llegó cuando el rey se estaba vistiendo, pues era muy temprano, y diciéndole a los de la recámara que le quería besar las manos y pedir justicia, mandó el rey que lo dejaran entrar, y el cazador le dijo:

—Poderoso señor, a pedir vengo justicia contra el nombre de vuestra alteza, que esta noche me llevó este gallo, que juntamente con él traigo, que no tenía otra hacienda, vuestra alteza lo remedie.

Netzahualcóyotl le respondió que su nombre le había ofendido en matarle el gallo que traía, que si lo trajera vivo lo castigara, y que otro día no le aconteciera semejante caso porque en burlas sería castigado.

Y mandó pagarle lo que podían valer diez gallos. En cuanto al coyote, ordenó que fuera desollado y su piel se guardara entre sus armas en el almacén.

Este rey tenía la costumbre de salir a un mirador que daba a la plaza para observar a la gente miserable que vendía en ella, y si veía que no vendían no quería sentarse a comer hasta que sus mayordomos hubieran ido a comprarles todo el género que les quedaba al doble de su precio para dárselo a otros que lo necesitaran, porque siempre le preocupó que todo el mundo tuviera de comer; para comprobarlo no hay más que recordar el episodio de los prisioneros chalcas. Pero dedicaba especial atención en el sustento y vestido de los viejos enfermos, los lisiados en las guerras, las viudas y los huérfano, en los cuales gastaba gran parte de sus tributos, que para esto tenía señalados ciertos señores y caballeros que estaban a su cargo, porque estaba terminantemente prohibido andar mendigando por las calles ni en los alrededores, pues este delito estaba castigado con la muerte, y el rey tenía que ser coherente con sus leyes.

Capítulo XXXIV

— La muerte de Netzahualcóyotl —

CORRÍA el año 1472, el rey tenía setenta y un años, y hacía cerca de cuarenta y dos que había tomado las riendas de su reino.

Estando ya muy cercano a la muerte, una mañana mandó traer al príncipe Netzahualpilli, que tenía más o menos siete años de edad. Tomándolo en sus brazos lo cubrió con la vestimenta real que tenía puesta, y ordenó que entraran los embajadores de México y Tlacopan que asistían a su corte y que estaban esperando en la sala de al lado para darle los buenos días. Éstos entraron, le saludaron y salieron. Entonces Netzahualcóyotl descubrió al niño, lo puso en pie y le mandó que le relatase lo que los embajadores le habían dicho y lo que él les había respondido. El niño, sin omitir nada, le hizo la relación con mucha cortesía y donaire. Hecha esta prueba y aprobada satisfactoriamente, habló con los infantes Ichantlatoatzin, Acapioltzin, Xochiquetzalzin y Hecahuehuetzin, sus hijos mayores, que eran presidentes de los consejos. Les hizo una crónica de toda su vida, de todos los trabajos y peregrinaciones que había padecido desde su niñez, y la muerte y persecuciones de su padre Ixtlilxóchitl, hasta que consiguió gobernar el imperio con tanto cuidado y vigilancia como a ellos les constaba, y que para que este buen gobierno continuara convenía que todos se quisieran y amaran la paz y la concordia, y si se enteraban que alguno intentaba alterar el orden y tenía intenciones de rebelarse contra ellos, aunque fuera uno de los infantes, incluso el mayor, fuera castigado con la pena de muerte sin ninguna vacilación, y luego les dijo:

—Veis aquí a vuestro príncipe, señor natural, aunque niño, sabio y prudente, el cual os mantendrá en paz y justicia, conservándoos en vuestras dignidades y señoríos, a quien obedeceréis como leales vasallos, sin exceder un punto de sus mandatos y de su voluntad. Yo me hallo muy cercano a la muerte, y fallecido que sea, en lugar de tristes lamentaciones cantaréis alegres cantos, mostrando en vuestros ánimos valor y esfuerzo, para que las naciones que hemos sujetado y puesto debajo de nuestro imperio por mi muerte no hallen flaqueza de ánimo en vuestras personas, sino que entiendan que cualquiera de vosotros es sólo bastante para tenerlos sujetos.

Siguió hablando con sus hijos durante largo rato, y después le explicó al niño Netzahualpilli de qué manera tendría que gobernar y regir a sus súbditos y vasallos. Le dijo que lo más importante de todo era cumplir y hacer respetar las leyes que tenía establecidas. Después habló con el infante Acapioltzin y le dijo:

—Desde hoy harás el oficio de padre que yo tuve con el príncipe, tu señor, a quien adoctrinarás para que siempre viva como debe, y debajo de tu consejo gobierne el imperio, asistiendo en su lugar y puesto, hasta que por sí mismo pueda regir y gobernar.

Y con lágrimas en los ojos se despidió de todos sus hijos y otra gente cercana que le acompañaba. Les mandó salir de su habitación, y les dijo a los porteros que no dejaran entrar absolutamente a nadie. Pocas horas después se le agravó la enfermedad y falleció en el año que fue llamado *chicuacen técpatl.*

Siguiendo sus órdenes, los infantes ocultaron la muerte de Netzahualcóyotl y dijeron que había tenido que salir a hacer un largo viaje del que nadie sabía si regresaría. No se sabe a ciencia cierta, pero se cree que cremaron su cadáver en secreto, y en lugar de celebrar las tradicionales exequias funerarias organizaron juegos y festejos para formalizar la coronación del nuevo rey. Poco tiempo después se supo la verdad del triste deceso del monarca, y muchos señores principales se acercaron al reino de Texcoco a expresar su dolor; sin embargo, para el pueblo, este gran monarca fue transferido directamente al reino de los dioses en recompensa por todas sus virtudes y buenas acciones.

CANTO A NETZAHUALCÓYOTL

Preludio de un poeta:

Ya se disponen aquí nuestros tambores:
ya hago bailar a águilas y tigres.

Ya estás aquí en pie, Flor del Canto.
Yo busco cantos: son nuestra dicha.

Oh príncipe mío, Netzahualcóyotl,
ya te fuiste a la región de los muertos,
al lugar de la incierta existencia:
y para siempre estás allí.

Netzahualcóyotl:

Al fin allá, al fin allá:
yo Netzahualcóyotl llorando estoy.
¿Cómo he de irme y de perderme en la región de los muertos?
Ya te dejo, mi dios por quien se vive,
tú me lo mandas:
he de irme y perderme
en la región de los muertos.

¿Cómo quedará la tierra de Alcolhuacan?

¿Alguna vez acaso he de dispersar a tus vasallos?
Ya te dejo, mi dios por quien todo vive,
tú me lo mandas:
he de irme y perderme
en la región de los muertos.

Canto de otro poeta:

Sólo los cantos son nuestro atavío:
destruyen nuestros libros los jefes guerreros.
Haya aquí gozo,
nadie tiene su casa en la tierra:
tenemos que dejar las fragantes y olorosas flores.

Nadie dará término a tu dicha,
oh tú, por quien todo vive.
Mi corazón lo sabe: por breve tiempo
tienes todo prestado, oh Netzahualcoyotzin.
No se viene aquí por dos veces:
nadie tiene su casa en la tierra,
no por segunda vez venimos a la tierra.

Yo cantor lloro al recordar a Netzahualcóyotl.

Monólogo de Netzahualcóyotl:

Hay cantos floridos: que se diga
yo bebo flores que embriagan,
ya llegaron las flores que causan vértigo,
ven y serás glorificado.

Ya llegaron aquí las flores en ramillete:
son flores de placer que se esparcen,
llueven y se entrelazan diversas flores.

Ya retumba el tambor, sea el baile:
con bellas flores narcóticas se tiñe mi corazón.

Yo soy cantor, flores para esparcirlas
ya las voy tomando: gozad.

Dentro de mi corazón se quiebra la flor del canto:
ya estoy esparciendo flores.

Con cantos alguna vez me he de amortajar,
con flores mi corazón ha de ser entrelazado:
¡son los príncipes, los reyes!
Por eso lloro y a veces digo:

La fama de mis flores, el nombre de mis cantos,
dejaré abandonados alguna vez,
con flores mi corazón ha de ser entrelazado:
¡son los príncipes, los reyes!

Capítulo XXXV

— La lengua náhuatl —

EL vocablo «náhuatl» en español significa «claro» o «luminoso». Antes de la llegada de los españoles, ésta fue la lengua predominante, pues fue la que utilizaron los integrantes de algunas de las culturas más importantes de la América precolombina, principalmente las del valle de México, como la mexica y la texcocana.

Los nahuatlacas usaron veintitrés sonidos diferentes: cinco vocales y dieciocho consonantes; estas últimas estaban divididas en nueve primarias y nueve secundarias.

Por alguna enigmática razón, nuestros ancestros del Anáhuac prácticamente sólo usaron las nueve consonantes primarias, que consideraban sonidos sagrados; las otras nueve consonantes secundarias solamente aparecen en el cosmopolita ramillete lingüístico de los poetas, literatos y hombres de letras, que no abundaban.

Para escribir sus ideas y pensamientos, o simplemente para comunicarse, los antiguos mexicanos unían tiras de cuero de venado o de papel que medían diez metros de largo o más; una vez terminada, esta larga tira se doblaba en forma de acordeón. Es así como se hacían los libros, que además estaban provistos en ambos extremos de una tapa de madera y pintados en uno o ambos lados por un tlacuilo o pintor.

Cuando hablamos de escritura hay que recordar siempre que los antiguos libros mexicanos eran en realidad álbumes de dibujos, comparables a las «Biblia Pauperum» (Biblia de los Pobres) de la Edad Media usadas en Europa, por medio de las cuales la gente podría comprender las sagradas escrituras. Los sucesos se expresan tanto por figuras como por símbolos. Al lado de estos ideogramas ya había en el México antiguo una escritura de palabras, pero la relación de los diversos signos con el idioma hablado aún estaba en sus fases iniciales, de aquí que la escritura pictográfica de los antiguos mexicanos haya estado mucho más atrasada que los jeroglíficos del antiguo Egipto.

Así, al ser la azteca una civilización relativamente nueva, la escritura náhuatl nunca alcanzó la fase más desarrollada a la que había llegado la escritura maya y los signos de los días. Dentro del desarrollo de esta lengua encontramos como ejemplo más característico al Rey Poeta Netzahualcoyotl.

Como hemos visto a lo largo de este trabajo, el monarca de Texcoco hizo de la suya una gran ciudad. Luchó para impulsar la astronomía, música, pintura, historia y sobre todo la poesía, y se convirtió en adalid de este género literario en lengua náhuatl.

Pero no sólo Netzahualcóyotl escribió poesía o cantos en esta lengua, hubo otros que hicieron bellas odas a la naturaleza, a las desgracias, etc. La mayoría de estos escritos que han llegado a nuestros días revelan una sensibilidad y sublimación de gran calidad artística.

Tan importante era la lírica para estos pueblos, que los nobles, por medio de los cantos, se comunicaban con los dioses. Estas manifestaciones, que se transmitían oralmente, son una especie de poesía-oración, y estaban compuestas por palabras conocidas metafóricamente como «las flores del Dador de Vida» metafóricamente. Los poetas se reunían en grupos conocidos como *icniuhyotl* o hermandad e intercambiaban rimas e historias que eran transmitidas de padres a hijos.

Este género tan apreciado por los antiguos pueblos nahuas tenía varias vertientes:

— *Yaocuicatl*, cantos guerreros dedicados a glorificar las proezas bélicas.

— *Teocuicalt,* cantos a los dioses para exaltar la importancia y significación de las múltiples divinidades.

— *Xochicuicatl,* cantos en los que reiteradamente se alude a las flores. Éstas eran tanto metáforas de las palabras poéticas como de las obras de origen divino o de las batallas en los cantos de guerra.

— *Icnocuicatl,* cantos tristes y filosóficos que mostraban el aspecto íntimo del alma. Entre estos poemas se encuentran los del soberano de Texcoco Netzahualcóyotl, a quien conocemos bien.

Hay algunas otras subdivisiones menos importantes, como algunos cantos traviesos a los animales, a la primavera, etc., pero las divisiones mencionadas comprenden a grandes rasgos los temas más importantes.

La poesía se enseñaba en el calmecac o escuela para niños nobles o en recintos específicos para su estudio en el cuicalli. Este género iba siempre unido a la música, no por nada el concepto de lo que sería poesía para nosotros en náhuatl se denominaba como *in xochitl in cuicatl* la flor y el canto.

La literatura náhuatl viene de la tradición azteca. Recordemos que el término náhuatl no sólo incluye a los aztecas de Tenochtitlán, también era adjudicado a los múltiples pueblos que dominaban este imperio. Los aztecas usaban la literatura para crear un sistema de comunicación de orden divino.

La literatura náhuatl abarca todos los aspectos de la vida de los pueblos que la utilizaban; de hecho, su función era mantener el conocimiento entero de las generaciones anteriores de las que procedieron sobre todo las ideas religiosas, los mitos y los rituales.

También incluía conocimientos sobre la medicina y la historia de los pueblos nahuatlacas. Esta cultura utilizaba la narrativa para cultivar los discursos didácticos, por eso abarca todas las vertientes del conocimiento; así, la literatura apareció representada no sólo como tal, sino como elemento fundamental en tres vertientes muy diferentes entre sí, pero complementarias: la danza, la poesía y la música; de esta forma, este género fue transmitido oral y visualmente a través de la danza y la música.

La poesía se divide en dos partes: el cuicani y el cuicatl. El primero es el poeta y el segundo es el poema. Los que forman parte del cuicatl están divididos en tres grandes grupos: los que componen el poema, los que ejecutan la música con que canta el poeta, y los que bailan y cantan. Las características principales del estilo poético náhuatl son el paralelismo fonético, la asonancia y las metáforas complejas que están presentes en todos los autores que conocemos. También hay diferentes tipos de cantos. Pero en esa época no sólo se hacía lírica, también era practicada la escritura de la prosa, aunque fue mucho menos conocida. También el teatro fue un género utilizado, pues por medio de él y gracias a sus posibilidades didácticas se mostraban los problemas de la vida social y familiar, y se resolvían preguntas sobre temas religiosos o divinos. El teatro combinaba la danza y la representación, y su temática era bastante repetitiva, pues se centraba alrededor de los dioses, las leyendas y los mitos conocidos en la época; de hecho, el teatro nació en medio de las ceremonias y fiestas religiosas.

Quiero incluir aquí algunos ejemplos de poesía escritos en náhuatl, con su correspondiente traducción al español, pues es importante conocer cómo sonaban aquellos cantos en su lengua original.

Telkaxallhutl
no chamani
no teokuikatl
in tlalpani
anochipa tlaltikpak
zanachika ye ni kan

Un momento en la tierra,
si es de jade se hace astillas,
si es de oro se destruye,
si es plumaje de ketzalli se rasga,
¡no para siempre aquí!
Un momento en la tierra.

Ze Illnamikiz Nin Ezkayo
Ika Tlen Ni Yazki
Amitla Ni Tenyo Tilliuh
Tlakuitlapan Tlallipan
Keh Ni Kichiua Noyolohzin
Azeh Motopalli Tiualla
Nemilliz In Kueponiz Tlallipan
Ti Nezkayototiuh Xochimeh
Ti Nezkayototiuh Kuikameh

Capítulo XXXVI

ESTOY EMBRIAGADO

Estoy embriagado, lloro, me aflijo,
pienso, digo,
en mi interior lo encuentro:
si yo nunca muriera,
si nunca desapareciera.
Allá donde no hay muerte,
allá donde ella es conquistada,
que allá vaya yo...
Si yo nunca muriera,
si yo nunca desapareciera.

SOY RICO

Soy rico,
yo, el señor Netzahualcóyotl.
Reúno el collar,
los anchos plumajes de quetzal,
por experiencia conozco los jades,
¡son los príncipes amigos!

Me fijo en sus rostros,
: por todas partes águilas y tigres,
por experiencia conozco los jades,
las ajorcas preciosas...

HE LLEGADO

He llegado aquí,
yo Yoyontzin.
Sólo busco las flores
sobre la tierra he venido a cortarlas.
Aquí corto ya las flores preciosas,
para mí corto aquella de la amistad:
son ellas tu ser, oh príncipe,
yo soy Netzahualcóyotl, el señor Yoyontzin.

Ya busco presuroso mi canto verdadero,
así también busco
a ti, amigo nuestro.
Existe la reunión:
es ejemplo de amistad.
Por poco tiempo me alegro,
por breve lapso vive feliz
mi corazón en la tierra.
En tanto yo exista, yo, Yoyontzin,
anhelo las flores,
una a una las recojo,
aquí donde vivimos.

Con ansia yo quiero, anhelo
la amistad, la nobleza,
la comunidad.
Con cantos floridos yo vivo.

Como si fuera de oro,
como un collar fino,
como ancho plumaje de quetzal,
así aprecio
tu canto verdadero:
con él yo me alegro.

¿Quién es el que baila aquí,
en el lugar de la música,
en la casa de la primavera?
Soy yo, Yoyontzin,
¡Ojalá lo disfrute mi corazón!

YO LO PREGUNTO

Yo, Netzahualcóyotl lo pregunto:
¿Acaso de veras se vive con raíz en la tierra?
No para siempre en la tierra:
sólo un poco aquí.
Aunque sea de jade se quiebra,
aunque sea oro se rompe,
aunque sea plumaje de quetzal se desgarra.
No para siempre en la tierra:
sólo un poco aquí.

UN RECUERDO QUE DEJO

¿Con qué he de irme?
¿Nada dejaré en pos de mí sobre la tierra?
¿Cómo ha de actuar mi corazón?
¿Acaso en vano venimos a vivir,
a brotar sobre la tierra?

Dejemos al menos flores,
dejemos al menos cantos.

Somos mortales,
todos habremos de irnos,
todos habremos de morir en la tierra.

Como una pintura,
todos iremos borrando.
Como una flor,
nos iremos secando
aquí sobre la tierra.

Meditadlo, señores águilas y tigres,
aunque fuerais de jade,
aunque fuerais de oro,
también allá iréis al lugar de los descansos.
Tendremos que despertar,
nadie habrá de quedar.

NOS ATAVIAMOS, NOS ENRIQUECEMOS

Nos ataviamos, nos enriquecemos
con flores, con cantos.
Ésas son las flores de la primavera:
¡con ellas nos adornamos aquí en la tierra!

Hasta ahora es feliz mi corazón.
Oigo ese canto, veo una flor:
¡que jamás se marchiten en la tierra!

CON FLORES NEGRAS

Con flores negras veteadas en oro
entrelaza el bello canto.
Con él vienes a engalanar a la gente,
tú cantor:
con variadas flores
revistes a la gente.
Gozad, oh príncipes.

¿Acaso así se vive ahora
y así se vive allá en el sitio del misterio?
¿Aún allí hay placer?
¡Ah, solamente aquí en la tierra:
con flores se da uno a conocer,
con flores se manifiesta uno!
¡Oh amigo mío!

Engalánate con tus flores,
flores color de luciente guacamaya,
brillantes como el sol;
con flores del cuervo
engalanémonos en la tierra,
aquí, pero sólo aquí.

Sólo un breve instante sea así:
por muy breve tiempo se tienen en préstamo
sus flores.
Ya son llevadas a su casa
y al lugar de los sin cuerpo, también su casa,
y no con eso así han de parecer
nuestra amargura, nuestra tristeza.

CUAL JOYELES ABREN SUS CAPULLOS

Cual joyeles abren sus capullos
tus flores:
rodeadas de follaje de esmeralda.
Están en nuestras manos.
Preciosas olientes flores,
ellas son nuestro atavío,
oh príncipes.
Solamente las tenemos prestadas
en la tierra.

¡Flores valiosas y bellas
se vayan entreverando!
Están en nuestras manos.
Preciosas olientes flores,
ellas son nuestro atavío,
oh príncipes.
Solamente las tenemos prestadas
en la tierra.

Yo me pongo triste,
palidezco mortalmente...
¡Allá, su casa, adonde vamos,
oh, ya no hay regreso,
ya nadie retorna acá!
¡De una vez por todas nos vamos
allá a donde vamos!

¡Pudieran llevarse a su casa
las flores y los cantos!
Váyame yo adornado
con áureas flores del cuervo,
con bellas flores de aroma.

En nuestras manos están...
¡oh ya no hay regreso,
ya nadie retorna acá!..
¡De una vez por todas nos vamos
allá donde nos vamos!

Capítulo XXXVII

JUAN BAUTISTA POMAR

Era biznieto de Netzahualcóyotl, a pesar de que su padre era español; nació en Texcoco hacia el año 1535, y falleció hacia 1590.

Entre sus obras, la más importante fue la *Relación de las antigüedades políticas y religiosas de los indios dirigida al Rey Nuestro Señor en 9 de marzo de 1582*, que es la respuesta a los cuestionarios enviados por Felipe II a todo su Imperio, que serían utilizados para la formación de una estadística que serviría para conocer mejor las nuevas tierras conquistadas y facilitar su administración.

García Icazbalceta dice de él: «En Pomar tenemos otro historiador y panegirista de Texcoco: muy diminuto, ciertamente, en comparación con Ixtlixóchitl, pero más antiguo y más sobrio. Aunque siempre se acuerda de que es texcocano, no inventa lo que ignora, y aquello que le consta lo dice sin tanta exageración. Añade además ciertos pormenores que no trae Ixtlixóchitl. Es un trabajo concienzudo sobre un señorío particular, de los que tanta falta hacen para esclarecer algo nuestra historia antigua, muy embrollada y confundida, sobre todo en punto a instituciones, por aplicar a una tribu lo que corresponde a otra vecina.»

También recopiló una serie de poemas nahuas a la que tituló *Romances de los señores de la Nueva España*, que han sido estudiados por Ángel María Garibay.

FERNANDO DE ALVA IXTLIXÓCHITL

Nació en San Juan Teotihuacán hacia 1578 y murió en Texcoco a los setenta y nueve años de edad, en 1657. Era descendiente directo de los alcohuas, y por tanto de Netzahualcóyotl, ya que procedía del matrimonio entre Tzinquetzalpoztectzin, hija del Rey Poeta, con Quetzalmamalitzin, señor de Teotihuacan. Además su madre, Ana Cortés Ixtlixóchitl, de la que tomó su apellido, era biznieta de Ixtlixóchitl, señor de Texcoco, y de Beatriz Papatzin, esposa e hija de Cuitláhuac, penúltimo señor de México. Su padre, Juan de Navas Pérez de Peraleda, era español. Se dice que se educó en el colegio de Santa Cruz de Tlatelolco, pero no hay ninguna seguridad de este hecho.

En 1612 fue gobernador de Texcoco, en 1617 de Tlalmanalco y en 1619 de la provincia de Chalco. Hacia 1648 tenía el cargo de intérprete en los juzgados indios, y murió en la ciudad de México el 25 de octubre de 1650.

Escribió varias obras como «Continuación de la Historia de México», «Pintura de México, orden y ceremonias para hacer un señor», «La venida de los españoles», «Entrada de los españoles en Texcoco», etc., contenidas en un título genérico: *Sumaria relación de todas las cosas que han sucedido en la Nueva España, y de muchas cosas que los toltecas alcanzaron y supieron desde la creación del mundo hasta su destrucción y venida de los terceros pobladores chichimecas hasta la venida de los españoles, en doce relaciones.*

Su obra más conocida es la *Historia chichimeca*, escrita en castellano, en donde se cuenta la historia prehispánica desde la concepción tolteca de la creación del mundo hasta la caída de México-Tenochtitlán, centrándose sobre todo en la vida de su antepasado, el rey Netzahualcóyotl.

FRANCISCO JAVIER CLAVIJERO

Este hombre fue uno de los historiadores mejor documentados de los que se dedicaron al estudio de las antiguas civilizaciones prehispánicas. Esto convierte al padre Clavijero en uno de los investigadores más destacados de México en el siglo XIX.

Francisco Javier Clavijero nació en Veracruz en el año 1731. Ingresó muy joven en la Compañía de Jesús, en Tepozotlán. Se dedicó al estudio de las lenguas, costumbres y cultura de los pueblos indígenas. Cuando, en 1767, la Compañía de Jesús fue expulsada de México, Clavijero se dirigió a Italia junto con los demás miembros de su orden.

En Bolonia fundó una academia e inició la elaboración de sus dos famosas obras históricas sobre el Nuevo Mundo, que se publicaron traducidas al italiano: *Storia antica del Messico* (1780-1781; *Historia antigua de México*, en diez libros) y *Storia della California* (Venecia, 1789; *Historia de la Baja California*). La primera, su obra más importante, constituye un relato metódico y exhaustivo sobre las costumbres, religión, cultura y vida política y social de los pueblos indígenas que habitaron el valle de Anáhuac. Fue también autor de *Cantos del antiguo México*, que es una recopilación de la antigua poesía mexicana. Además escribió una serie de disertaciones, en las que hacía una apasionada defensa de las antiguas culturas americanas. Francisco Javier Clavijero murió en Bolonia en 1787.

También utilicé otra fuente esencial para recopilar los hechos de la vida del rey Netzahualcóyotl: la primera parte de los veinte libros rituales de la Monarquía Indiana, con el origen y guerras de los indios occidentales de las poblaciones, descubrimiento, conquista, conversión y otras cosas maravillosas de la misma tierra, distribuidos en tres tomos, de fray Juan de Torquemada. Desgraciadamente no encontré datos biográficos sobre él.

Casi todos los cronistas que han relatado la vida de Netzahualcóyotl, si no todos, le han achacado un tipo de perfección inmaculada, lo han considerado un hombre superior a todos los de su época, y con una filosofía tan elevada que había llegado a comprender la existencia de un dios único y creador.

Efectivamente, comparado con la mayoría de sus contemporáneos, su superioridad es innegable, además no se puede olvidar que fue uno de los poetas más importantes de la época en lengua náhuatl; sin embargo, según nuevos estudios de historiadores un poco más imparciales (no hay que olvidar que la imparcialidad total en la Historia no existe), no queda más remedio que aceptar que la crónica de su descendiente directo, Fernando de Alva Ixtlixóchitl, fue un poco exagerada, que por cierto es la crónica en la que nos hemos basado la mayoría de los biógrafos de este soberano.

De todas formas, a pesar de todas las críticas que se han hecho, hay que aceptar que fue un personaje excepcional. Su concepción de la naturaleza, de la guerra, de la religión y de la política supera a cualquier gobernante de la época; la prueba es que su fama ha llegado hasta nuestros días con toda clase de detalles del transcurso de su vida.

Adquirió muchos conocimientos astronómicos, se interesó en el estudio de plantas y animales, tanto que, si recordamos la descripción de sus palacios y jardines, sabremos que mandaba llevar a sus zoológicos animales de todos los rincones de su reino, y los que no encontraba los mandaba pintar.

También investigaba las causas de los fenómenos naturales, y, aunque se ha exagerado al decir que era monoteísta, sí es verdad que fue más allá en su concepción religiosa que sus contemporáneos.

Su amor por la belleza del lenguaje y de la poesía se demuestra en que era en su reino donde se hablaba con mayor perfección la lengua mexicana. También allí se encontraban los mejores artesanos, poetas, historiadores o cronistas y oradores de todo el valle de México.

A pesar de su enorme importancia en todos los aspectos de la vida de su pueblo y los reinos vecinos, lo que no pude encontrar en ninguna fuente fue una descripción de este rey. Nadie sabe cómo fue físicamente, no hay ni siquiera una alusión a su tamaño, constitución o color de la piel. Por lo visto esas características no eran dignas de ser inmortalizadas, así que cada uno tendrá que imaginárselo por sí mismo.

No puedo terminar sin decir que este viaje por el valle de México en el lejano siglo XIV ha sido un placer.

He terminado agotada con las batallas, he llorado con la poesía, he disfrutado con los banquetes y los festejos, me he angustiado de pensar en la sangre derramándose en cada guerra y en cada sacrificio, y, por supuesto, me he acercado a este hombre maravilloso: el rey Netzahualcóyotl, *chichimecatl tecuhtli,* rey poeta de los alcohuas.

Bibliografía

— Alva Ixtlixóchitl, Fernando de. *Obras históricas. Incluyen el texto completo de las llamadas relaciones e historia de la «Nación chichimeca» en una nueva versión establecida con el cotejo de los manuscritos más antiguos que se conocen.* Edición, estudio introductorio y apéndice documental por Edmundo O'Gorman. México. Universidad Nacional Autónoma de México. Instituto de Investigaciones Históricas. 1977.

— Bernal, Ignacio. *Tenochtitlán en una isla.* México. SEP-Fondo de Cultura Económica. Col. Lecturas mexicanas, n.º 64.

— Clavijero, Francisco Xavier. *Historia antigua de México I.* Facsímil de la edición de Ackermann de 1826. México. Factoría Ediciones.

— Manzanilla, Linda y López Lujan, Leonardo (coord), *Historia Antigua de México,* Vol. III. Instituto Nacional de Antropología e Historia/Universidad Nacional Autónoma de México/Editorial Porrúa. México, 1995, p. 241.

— Martínez, José Luis. *Netzahualcóyotl, vida y obra.* México. Fondo de Cultura Económica. 1985. Col. Biblioteca Americana.

— *México a través de los siglos.*

— Musacchio, Humberto. *Diccionario enciclopédico de México.* México. Andrés León, editor.

— «Netzahualcóyotl y la literatura prehispánica», en *Historia de la literatura mexicana I.* México. Cultura/SEP/Editorial Somos.

— Powell, W. Philip. *La guerra chichimeca* (1550-1600), Fondo de Cultura Económica. México, 1996, p. 53.

— Soustelle, Jaques: «La vida cotidiana de los aztecas en vísperas de la conquista». Fondo de Cultura Económica. 2.ª Reimpresión. México 1974, p. 40.

— Torquemada, fray Juan. *La primera parte de los veinte libros rituales de la Monarquía Indiana, con el origen y guerras de los indios occidentales de las poblaciones, descubrimiento, conquista, conversión y otras cosas maravillosas de la misma tierra, distribuidos en tres tomos.* Madrid. Oficina y administración de Nicolás Rodríguez Franco. 1723.

— Torre Villar, Ernesto de la. *Lecturas históricas mexicanas.* Universidad Nacional Autónoma de México.

— Weigand, C. Phil. *Los orígenes de los caxcanes*; Colegio de Jalisco. Guadalajara, 1995, p. 56.

ÍNDICE

Títulos publicados en esta colección

Emiliano Zapata
Juan Gallardo Muñoz

Moctezuma
Juan Gallardo Muñoz

Pancho Villa
Francisco Caudet

Benito Juárez
Francisco Caudet

Mario Moreno "Cantinflas"
Cristina Gómez
Inmaculada Sicilia

J. María Morelos
Alfonso Hurtado

María Félix
Helena R. Olmo

Agustín Lara
Luis Carlos Buraya

Porfirio Díaz
Raul Pérez López-Portillo

José Clemente Orozco
Raul Pérez López-Portillo

Agustín de Iturbide
Francisco Caudet

Miguel Hidalgo
Maite Hernández

Diego Rivera
Juan Gallardo Muñoz

Dolores del Río
Cinta Franco Dunn

Francisco Madero
Raul Pérez López-Portillo

David A. Siqueiros
Maite Hernández

Lázaro Cárdenas
Raul Pérez López-Portillo

Emilio "Indio" Fernández
Javier Cuesta

San Juan Diego
Juan Gallardo Muñoz

Frida Kahlo
Araceli Martínez

Octavio Paz
Juan Gallardo Muñoz

Anthony Quinn
Miguel Juan Payán
Silvia García Pérez

SALMA HAYEK
Vicente Fernández

SOR JUANA INÉS DE LA CRUZ
Juan M. Galaviz

JOSÉ VASCONCELOS
Juan Gallardo Muñoz

VICENTE GUERRERO
Jorge Armendariz

GUADALUPE VICTORIA
Francisco Caudet

JORGE NEGRETE
Luis Carlos Buraya

NEZAHUALCOYOTL
Tania Mena

IGNACIO ZARAGOZA
Alfonso Hurtado